I0019112

Régis Lembokolo N'Dossani

Développement de logiciels avec J2ME: Un cas pratique

Régis Lembokolo N'Dossani

Développement de logiciels avec J2ME: Un cas pratique

Développer des applications avec Java 2 Micro Édition

Éditions universitaires européennes

Mentions légales / Imprint (applicable pour l'Allemagne seulement / only for Germany)
Information bibliographique publiée par la Deutsche Nationalbibliothek: La Deutsche Nationalbibliothek inscrit cette publication à la Deutsche Nationalbibliografie; des données bibliographiques détaillées sont disponibles sur internet à l'adresse http://dnb.d-nb.de.
Toutes marques et noms de produits mentionnés dans ce livre demeurent sous la protection des marques, des marques déposées et des brevets, et sont des marques ou des marques déposées de leurs détenteurs respectifs. L'utilisation des marques, noms de produits, noms communs, noms commerciaux, descriptions de produits, etc, même sans qu'ils soient mentionnés de façon particulière dans ce livre ne signifie en aucune façon que ces noms peuvent être utilisés sans restriction à l'égard de la législation pour la protection des marques et des marques déposées et pourraient donc être utilisés par quiconque.

Photo de la couverture: www.ingimage.com

Editeur: Éditions universitaires européennes est une marque déposée de
Südwestdeutscher Verlag für Hochschulschriften GmbH & Co. KG
Heinrich-Böcking-Str. 6-8, 66121 Sarrebruck, Allemagne
Téléphone +49 681 37 20 271-1, Fax +49 681 37 20 271-0
Email: info@editions-ue.com

Produit en Allemagne:
Schaltungsdienst Lange o.H.G., Berlin
Books on Demand GmbH, Norderstedt
Reha GmbH, Saarbrücken
Amazon Distribution GmbH, Leipzig
ISBN: 978-613-1-53851-3

Imprint (only for USA, GB)
Bibliographic information published by the Deutsche Nationalbibliothek: The Deutsche Nationalbibliothek lists this publication in the Deutsche Nationalbibliografie; detailed bibliographic data are available in the Internet at http://dnb.d-nb.de.
Any brand names and product names mentioned in this book are subject to trademark, brand or patent protection and are trademarks or registered trademarks of their respective holders. The use of brand names, product names, common names, trade names, product descriptions etc. even without a particular marking in this works is in no way to be construed to mean that such names may be regarded as unrestricted in respect of trademark and brand protection legislation and could thus be used by anyone.

Cover image: www.ingimage.com

Publisher: Éditions universitaires européennes is an imprint of the publishing house
Südwestdeutscher Verlag für Hochschulschriften GmbH & Co. KG
Heinrich-Böcking-Str. 6-8, 66121 Saarbrücken, Germany
Phone +49 681 3720-310, Fax +49 681 3720-3109
Email: info@editions-ue.com

Printed in the U.S.A.
Printed in the U.K. by (see last page)
ISBN: 978-613-1-53851-3

TABLE DES MATIERES

AVANT PROPOS

Il est sans doute que l'utilisation du téléphone portable avec sa gamme de fonctionnalités est un vrai succès. L'amélioration des capacités en terme de mémoire embarquée et de fonctionnalité place le téléphone portable comme un véritable vecteur d'offre de services adaptés aux besoins des populations. Ainsi, pour composer avec ce succès de pénétration du mobile, il devient judicieux de maitriser les technologies de langage de programmation qui permettront de développer des logiciels embarquées.

Ce mémoire s'inscrit dans le cadre de la formation du Master professionnel d'informatique option Système d'Informations Reparties du Département de Mathématiques - Informatique de l'université Cheikh Anta Diop de Dakar. Il permet de mettre en pratique les enseignements, les connaissances et les concepts acquis au cours de cette formation. En effet, le Master professionnel est une filière formant des ingénieurs de haut niveau (bac+5). La formation dure deux ans, après lesquels les étudiants soumettent un mémoire de fin de cycle.

Dans ce mémoire, notre travail s'organise autour de trois parties structurées. La première partie s'applique au cadre de référence et à l'approche méthodologique. La deuxième partie, concerne l'approche technique. Ensuite, nous avons la troisième partie qui montre la mise en œuvre de notre travail.

PREMIERE PARTIE : CADRE DE REFERENCE ET APPROCHE METHODOLOGIQUE

CHAPITRE I : CADRE DE REFERENCE

« Quoi que le passé vous apprenne, il ne vous dira jamais tout ce que vous avez besoin de savoir pour le présent »
-John C. Maxwell-

L'Université Cheikh Anta Diop de Dakar comprend des facultés [1], des écoles [2], nationales supérieures de formation professionnelle et des instituts [3]. Elle possède six facultés,

- La faculté des Lettres et Sciences Humaines (FLSH) ;
- La faculté des Sciences Juridiques et Politiques (FSJP) ;
- La faculté des Sciences Economiques et de Gestion (FASEG) ;
- La faculté de Médecine et Pharmacie et d'Odontostomatologie (FMPOS) ;
- La faculté des Sciences et Technologies de l'Education et de la Formation (FASTEF) ;
- La faculté des Sciences et Techniques (FST).

Cette dernière faculté, sous la houlette du Dr Matar Mour SECK, doyen de la faculté, est constituée des départements de Chimie, Physique, Biologie Animale, Biologie Végétale, Géologie, Mathématiques et Informatique [4]. Le département des Mathématiques et Informatique est l'entité dans laquelle nous avons effectué ce travail.

La section Informatique dispense un enseignement pour des formations classiques et professionnelles. Les formations classiques concernent les Licences, Maîtrises et Master. Les formations professionnelles intéressent les Licences professionnelles et les Master 1 et Master 2 professionnels. En plus, il existe un Diplôme d'Etudes Approfondies (D.E.A) qui est le sésame pour entreprendre le Doctorat en Informatique.

CHAPITRE II : APPROCHE METHODOLOGIQUE

> *« Bien définir est bon pour se faire comprendre ;*
> *Ne pas définir est indispensable pour discourir en paix. »*
> *-Rémy de Gourmont (1858-1915)* [5]-

INTRODUCTION

Le continent africain est entré de plein pied dans la société de l'information. Les nouveaux outils qui sont aussi des moyens de communication ainsi que leurs réseaux font irruption en Afrique.

En réponse à l'exponentielle expansion de la téléphonie mobile en Afrique au cours des dernières années et à son incidence sur les sociétés africaines, certains experts ont avancé que les ordinateurs et Internet ne constituent pas la priorité adéquate en matière de développement des TIC en Afrique et que la téléphonie mobile est la seule technologie qui influe réellement sur le développement du continent. Cette affirmation contient une part de vérité. Le téléphone mobile n'est plus considéré comme un objet de luxe, l'apanage d'une classe nantie. Il est avéré que cet outil communiquant s'est intégré dans chaque couche de la société. L'évolution des nouvelles technologies a permis de doter le téléphone en ressources faisant de lui un appareil hybride et multifonctionnel, bien que son coût soit encore assez élevé. En effet, l'évolution des nouvelles technologies dans le domaine de la fabrication des périphériques mobiles en général et des téléphones en particulier ouvre la voie à des perspectives en termes de développement d'utilitaires intégrées. C'est dans ce contexte que le programme Connectivity Africa géré par le CRDI a financé le projet dans lequel nous avons effectué ce travail pour développer des logiciels pour des périphériques mobiles destinés aux populations rurales.

Notre travail s'organise autour de trois parties structurées. La première partie s'applique au cadre de référence et à l'approche méthodologique. La deuxième partie, concerne l'approche technique, ensuite la troisième partie explique la mise en œuvre de notre étude.

PROBLEMATIQUE

Actuellement, plus que toute autre, la technologie cellulaire est celle qui est la plus répandue dans les pays en voie de développement. Au Sénégal, le téléphone cellulaire, en moins de sept ans, a fini par détrôner le téléphone fixe. On peut dire que la téléphonie mobile a envahi toutes les couches de la population, toutes les régions du pays et toutes les tranches d'âge. On remarque particulièrement l'appropriation du téléphone mobile par les femmes, les jeunes et les acteurs du secteur informel de l'économie (commerçants, artisans) jusque dans les zones rurales.

Cette pénétration du téléphone mobile est sans commune mesure avec celle de l'ordinateur et de l'Internet pour des raisons liées surtout à la maintenance de ces ordinateurs dans des milieux ruraux.

Cet avantage est accentué avec l'utilisation des PDA (Personal Digital Assistant littéralement assistant numérique personnalisé) qui occupent aujourd'hui une place de plus en plus importante dans l'innovation de la communication. En plus de ces fonctions de base en matière d'organisation, un PDA propose souvent des outils multimédia avancés permettant de lire des vidéos ou des animations Flash. Le PDA offre aussi des fonctions de géolocalisation, de cartographie et de navigation qui peuvent se révéler d'une grande utilité pour des populations nomades, comme dans le cas des éleveurs.

Ainsi, dans le cadre du projet CRDI/Section Informatique de la Faculté des Sciences et Techniques de l'UCAD, nous avons eu à développer des applications sur des téléphones mobiles concernant la gestion des tontines rurales.

L'objectif général de ce projet est de concevoir et de développer des interfaces homme-machine (IHM) pour des applications et de nouveaux services au profit des populations marginalisées et, pour l'essentiel analphabètes, en s'appuyant sur les technologies sans fil et des logiciels libres.

Dans ce travail nous avons eu à développer et concevoir des applications autonomes fonctionnant sur des PDAs et/ou des téléphones portables.

Le résultat attendu est le développement d'applications intégrées pour l'entreprenariat rurale en mettant en place une application de gestion de tontine.

1. DEFINITION ET IMPORTANCE DE LA QUESTION DE DEVELOPPEMENT DES LOGICIELS MOBILES.

Pour répondre à l'ambition de créer des logiciels mobiles, un certain nombre de questions jaillissent de notre intellect :

- Comment développer des applications mobiles ?
- Quelle architecture logicielle choisir sachant qu'il s'agit de périphériques mobiles ?
- Comment adapter cette solution au contexte de l'entreprenariat rural au Sénégal ?

Dans ce travail, il ne s'agit pas de développer de prime abord un logiciel en Java 2 Micro Edition, mais plutôt de s'approprier cette technologie de programmation afin de réaliser des applications pour des périphériques mobiles.

Cependant, le talon d'Achille des téléphones mobiles demeure la faiblesse en ressources (processeur, mémoire…). Nous sommes donc confrontés à des contraintes matérielles. Ceci induit la nécessité de mener une étude qui non seulement répond aux questions précédemment posées, mais aussi prend en compte ces contraintes. D'où le choix de notre sujet « Développement des logiciels mobiles avec J2ME : cas de l'entreprenariat rural ».

Notre thème trouve tout son intérêt dans le fait qu'il nous initie à une technologie récente, il nous ouvre la voie à la perspective de créer des solutions logicielles d'entreprises utiles et utilisables par les communautés rurales du Sénégal. Ce thème s'inscrit également dans une logique de mettre les nouvelles technologies au service du développement.

2. ETUDE DE L'EXISTANT

Le développement des applications mobiles prend naissance dans l'essentiel des domaines touchant au développement. Nous voyons naître un certain nombre de projets similaires à celui dans lequel nous travaillons, tels que :

1. Le projet nommé « *Utilisation des NTIC dans le suivi temporel du bétail transhumant par les communautés de base pour une gestion durable des ressources pastorales au Sahel* ».Trois zones, dites « unités pastorales » (UP) du

Sénégal (Kouthiaba, Thiel et Tessékéré), servent de terrain d'essai. Dans chacune de ces zones de test, des éleveurs ont été formés à lire et à établir des cartes géographiques grâce, notamment, au maniement d'appareils GPS (*Global Positioning System*), connectés à des satellites et permettant de se positionner précisément sur la Terre. Cependant, dans la pratique, les acteurs du projet rencontrent quelques difficultés liées à l'usage de ces technologies modernes dans ces zones rurales sahéliennes. La majorité des destinataires est analphabète ou alphabétisé en langue peule. La connexion est parfois impossible pour cause de réseau défaillant ou manque d'alimentation (la plupart des appareils fonctionnent à l'énergie solaire), l'entretien des machines n'est pas toujours assuré et le matériel n'est pas toujours en sécurité.

2. Le projet ACACIA en partenariat avec une entreprise sénégalaise, a réalisé que les fermiers appellent par téléphone cellulaire pour connaître les prix du marché pour leurs récoltes. Les fermiers de régions éloignées du Sénégal spécialisés dans l'agriculture vivrière ont reçu des téléphones cellulaires acceptant un protocole d'application sans fil (WAP). Ils ont utilisé ces téléphones pour se connecter à l'Internet afin de vérifier des données stratégiques quant aux prix pratiqués sur les marchés auprès de cette entreprise et de comparer les offres concurrentes d'acheteurs locaux pour les produits. Les abonnés ont réussi à augmenter leurs profits de 15 % environ après avoir payé les coûts nets. Par la suite, la Banque mondiale a apporté son appui pour étendre le système d'information sur les prix au secteur de la pêche [8].

En plus de l'augmentation du revenu des petits producteurs ruraux, ce projet pilote a démontré la viabilité technique et économique de l'utilisation des applications du téléphone mobile dans les régions rurales mal desservies pour créer des services qui aident les collectivités rurales à atteindre leurs objectifs de développement.

Cependant, au-delà de ce discours marketing, les solutions GPS et WAP (Wireless Application Protocol) mise en avant dans ces deux projets pilotes souffrent de gros défauts technologiques. Pour la technologie GPS, hormis les inconvénients mentionnés plus hauts, il est trop onéreux. Le WAP également présente des faiblesses significatives parmi lesquelles :

✓ La lenteur.
✓ Le coût : la communication est facturée au tarif des communications mobiles.

✓ Le format propriétaire : une des faiblesses du WAP est l'utilisation d'un format spécifique et propriétaire pour transmettre les informations. Cela oblige les développeurs de sites à créer des pages uniquement pour les terminaux WAP. C'est là l'un des plus grands freins à l'adoption du WAP, puisque tous les sites ne seront jamais accessibles.

✓ L'obligation de se connecter : le WAP n'est pas une technologie temps-réel, il est nécessaire à l'usager de se connecter au service (Internet) [18].

Ceci a motivé une approche de solution différente de notre part. Notre solution présente est modulaire, elle s'appuie sur des Short Message Service (SMS) et sur le sans fils.

3.   LES OBJECTIFS DU DEVELOPPEMENT DES APPLICATIONS MOBILES AVEC J2ME

Notre travail porte sur l'un des axes de recherche du projet Connectivity Africa/CRDI. La mission de ce projet est très simple : appuyer la recherche sur les TIC qui permettent d'accroître les moyens de subsistance, d'améliorer la prestation des services sociaux et d'autonomiser les citoyens tout en renforçant les capacités des réseaux de recherche et des chercheurs africains. Pour ce faire, Connectiviy Africa a cerné trois grands thèmes de recherche, en fonction desquels se décline sa programmation :

- *autonomisation des populations* – comprendre les changements que vivent les Africains sur les plans sociaux et personnels par suite de l'utilisation des TIC;

- *prestation des services sociaux* – examiner comment les TIC peuvent aider les gouvernements africains dont les ressources sont limitées à accroître l'efficacité de la prestation des services à leurs citoyens ;

- *développement et débouchés économiques* – au vu de la transformation tant de l'économie structurée que de l'économie non structurée, analyser les répercussions plus vastes des TIC sur la croissance sociale et économique en Afrique [9].

L'initiative *Connectivité Afrique* dans laquelle nous travaillons est en fait l'alter ego du projet ACACIA sur le TIC-D[1] en Afrique.

Notre travail répond au point sur la prestation des services sociaux. L'objectif est de maîtriser la technologie java J2ME et proposer des architectures logicielles des interfaces homme-machine pour l'entreprenariat rural au Sénégal avec des outils open source[2].

PROCEDE DE LA RECHERCHE

Comment développer des logiciels sur des téléphones mobiles, une question qui nous conduit à diviser notre recherche sur deux grands axes principaux.

1. LA RECHERCHE WEBOGRAPHIQUE

Internet regroupant une somme d'informations très importantes et diverses. Pour la recherche Webographique nous utilisons les mots clés :

- Qu'est-ce que J2ME;
- J2ME et le réseau (J2ME et http, J2ME et datagramme…);
- Les bases de données pour les mobiles;
- Les périphériques mobiles compatibles à J2ME;
- Exemple de codes sources en J2ME ;
- Les EDI java compatibles J2ME;
- Conception d'applications J2ME;
- Installation, configuration des EDI J2ME;
- Installation, configuration de Wireless Toolkit 2.5;
- Duplication base de données MySQL;
- Tâches planifiées avec Windows.

---

[1] TIC au service du développement
[2] L'expression Open Source caractérise les logiciels dont le code source est visible, modifiable et librement redistribuable sous certaines conditions, ces conditions peuvent être plus ou moins strictes. fr.wikipedia.org/wiki/Open_Source.

2. LES REFERENCES BIBLIOGRAPHIQUES

Notre recherche d'information s'est basée aussi sur les livres :

- ⧚ J2ME applications java pour terminaux mobiles de Bruno Delb;
- ⧚ Wireless Java Developing with J2ME, Second Edition by Jonathan Knudsen ;
- ⧚ Pro Java ME MMAPI (mobile media API for Java Micro Édition) de Vikram Goyal ;
- ⧚ …

.

3. METHODOLOGIE D'ANALYSE ET DE CONCEPTION DU SYSTEME

Pour réaliser notre logiciel, nous avons estimé judicieux de débuter par une analyse des besoins, et des tâches. L'analyse de la tâche et de la situation de travail permet d'identifier les principes directeurs de la conception du logiciel.

3.1 DESCRIPTION DE LA METHODE DE RECUEIL DES INFORMATIONS

Par rapport à la nature du projet, la méthode que nous utilisons est l'interview. Nous avons interrogé les spécialistes sur la création des logiciels sur des téléphones mobiles, sur les perspectives possibles et nous avons recueilli l'avis des utilisateurs sur des logiciels existants, de sonder et d'impliquer les futurs utilisateurs pour cerner leurs attentes et les améliorations qu'ils souhaitent. Cette méthode nous donne des informations pertinentes pour atteindre nos objectifs. Le Check-list suivant nous guide dans notre démarche :

- ⧚ *Quelles sont les technologies relatives au développement des logiciels pour les mobiles ?*
- ⧚ *Comment ces tâches seront-elles réalisées ?*
- ⧚ *Pourquoi ces tâches seront-elles réalisées ?*
- ⧚ *Pour qui est ce que ces tâches seront-elles réalisées ?*

3.2 L'ANALYSE DES BESOINS

Plusieurs besoins ont été identifiés dans le cadre de ce projet pour l'entreprenariat rural. Parmi ceux-ci, il y a le besoin relatif aux tontines rurales. En effet, parmi les activités commerciales des communautés rurales, il y a l'organisation d'un système de financement informel essentiellement utilisé par la gent féminine. Nous avons constaté un véritable besoin d'accompagnement, de formalisation et d'automatisation de ces tontines. Il s'agit de répondre au manque :

- d'efficacité : avec moins de moyens
- d'efficience : plus vite ;
- de fiabilité : avec moins d'erreurs ;
- de confort : avec moins d'efforts, de fatigue.

Les besoins identifiés se résument en deux points :

- ✓ Les besoins fonctionnels de la gestion des tontines : nécessité de formaliser, les contraintes du milieu rural, etc.
- ✓ Les besoins des populations rurales : prise en compte de ses aptitudes, ses compétences et du contexte d'usage de ces tontines.

3.3 L'ANALYSE DE LA TACHE

L'analyse de la tâche consiste à recueillir des informations sur la façon dont les utilisateurs effectuent l'activité pour laquelle le logiciel est développé. On procède pour cela en deux étapes. Tout d'abord, des interviews permettent d'identifier la tâche prévue. Puis, ceci est consolidé par l'observation des utilisateurs sur le lieu de travail afin de pouvoir modéliser l'activité effectivement réalisée. Le découpage en fenêtres dérive en grande partie de l'architecture de la tâche et de la façon dont l'utilisateur mène les différentes sous tâches. Nous utiliserons la méthode d'analyse de tâches Hierarchical Task Analysis (HTA).

Formalisme

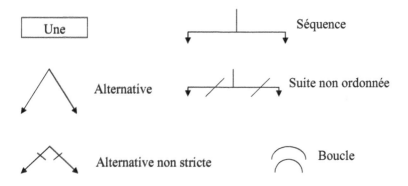

3.4 LES CRITERES ERGONOMIQUES

Les critères ergonomiques [19] constituent une typologie des propriétés de notre interface homme-machine qui vont conditionner son utilisabilité. Nous prenons comme guide le tableau suivant :

Critères	Description
Compatibilité	Adéquation du logiciel vis-à-vis de son utilisateur. Employer le vocabulaire métier
Guidage	Moyens permettant de s'orienter dans l'utilisation du logiciel. • Inciter l'utilisateur à effectuer des actions spécifiques. • Regrouper visuellement les informations de même type. • Fournir un retour aux actions utilisateur et rendre visible le fonctionnement du système. • Faciliter la perception des informations.
Homogénéité	Uniformité de la logique d'utilisation et de représentation. • Concevoir un fonctionnement cohérent et un graphisme homogène.
Flexibilité	Variété des procédures permettant d'atteindre un même objectif • Offrir à l'utilisateur différentes manières de réaliser la même tâche.
Contrôle utilisateur	Maîtrise des traitements réalisés par le système. • Ne déclencher que les commandes explicitement demandées par l'utilisateur. • Permettre à l'utilisateur de toujours « garder la main ».
Traitement des erreurs	Protection contre les erreurs et correction. • Prévenir et détecter rapidement les erreurs. • Présenter des messages d'erreur pertinents et permettre la correction facile des erreurs.
Charge mentale	Réduction des activités de perception et de mémorisation. • Limiter le travail de lecture, la saisie et le nombre d'étapes nécessaires à l'accomplissement d'une tâche.

Tableau 1: CRITERES D'ERGONOMIE

CHAPITRE III : CONCEPTION ET MODELISATION

"Qu'est-ce que l'originalité ? Voir quelque chose qui ne porte encore aucun nom, qui ne peut pas encore être nommé quoique tout le monde l'ait sous les yeux."
-Friedrich Nietzsche-

A. CONCEPTION ET MODELISATION : CAS DE LA GESTION D'UNE TONTINE « GEST-NATT [3]»

Notre étude porte sur la conception des applications avec la technologie J2ME, de ce fait, nous concevons un cas pratique d'une application permettant de gérer une tontine rurale.

1. PRESENTATION DE LA TONTINE

La **tontine** [10] en Afrique subsaharienne, aussi appelée **cotisations** est un système populaire d'épargne et de crédit.

2. FONCTIONNEMENT D'UNE TONTINE

Les participants d'une tontine s'engagent à verser une somme prédéterminée à une fréquence donnée. Pour chaque tour de versement, un des participants est désigné pour être le bénéficiaire des fonds des autres participants. Deux modes de désignation du bénéficiaire existent : soit il y a tirage au sort avant chaque versement, soit le tirage au sort est fait une seule fois au début du cycle et les participants bénéficient des versements en fonction du numéro qu'ils ont tiré au sort.

Lorsque tous les participants ont été bénéficiaires des fonds une fois, le cycle de la tontine est terminé. A la fin du cycle (quand tous les participants ont déjà reçu les versements) un nouveau cycle est généralement entamé.

---

[3]Le mot « Natt » signifie Tontine en wolof (langue parlé au Sénégal/Afrique)

3. LES FONCTIONNALITES DE L'APPLICATION DE GESTION DE TONTINES « GEST-NATT »

L'application gestion de tontine permet de gérer les tontines qu'organisent les groupements ruraux féminins. Cette application est constituée de deux modules. Le premier module est un serveur d'application qui traite des requêtes *Short Message Service* (SMS) relatives aux tontines, avec les fonctionnalités suivantes :

- **Gérer les tontines**
  - lister les tontines ;
  - ouvrir une tontine ;
  - mettre à jour une tontine ;
  - afficher des informations sur les tontines.

- **Gérer les membres de la tontine**
  - enregistrer un membre dans une tontine ;
  - mettre à jour les informations d'un membre ;
  - supprimer un membre dans une tontine ;
  - lister les membres d'une tontine.

- **Gérer les cotisations des membres d'une tontine**
  - enregistrer les cotisations d'un membre ;
  - mettre à jour les cotisations d'un membre ;
  - lister les membres qui ont cotisé ;
  - lister les cotisations d'un membre.

- **Gérer les gagnants des différentes tontines**
  - enregistrer le montant gagné du mois dans une tontine spécifique ;
  - lister les membres d'une tontine qui ont déjà gagné ;
  - afficher les informations du membre qui a pris un tel mois.

- **Gérer les mots-clés par des « Short Message Service » (SMS)**
  - lister les mots-clés existants, pouvant être utilisés ;
  - afficher la définition des mots-clés.

Le second module est un outil d'administration, il s'appuie sur la technologie sans fil (WIFI, GPRS) et sur la plateforme innovante Java 2 Micro Edition (J2ME) de *Sun Systems* permettant de développer des interfaces homme machines (IHM) pour des périphériques mobiles (téléphones portables, PDA, Smartphones…). Ce module délivre grosso-modo les mêmes fonctionnalités que notre serveur d'application qui gère les SMS. Hormis celles-ci, ce module offre la fonctionnalité suivante :

- **Gérer les** SMS
  - déposer un SMS afin que celui-ci soit pris en charge par les *Serveur SMS*[4] ;
  - modifier un SMS mal formulé ;
  - supprimer un SMS.

4. L'ANALYSE DES TACHES

On peut dire que l'analyse des tâches consiste à relier les objectifs, les tâches et les actions. Il s'agit de comprendre les objectifs des utilisateurs et de comprendre comment ils passent des objectifs aux tâches puis aux actions. Il est également important de savoir ce qui se passe en cas de problème.

Concernant, le cas de la gestion de tontines pour l'entreprenariat rurale, nous modélisons les fonctionnalités ci-dessus comme des tâches. Une tâche est une activité (considérée comme) nécessaire, ou utilisée pour atteindre un objectif en utilisant un moyen donné. Une tâche est en général décomposable en sous tâches, jusqu'au niveau des actions. Notre objectif est de « gérer des tontines ». Sachant qu'un objectif est un état d'un système qu'un agent (humain) souhaite atteindre (écrire une lettre, obtenir un diplôme, etc.).

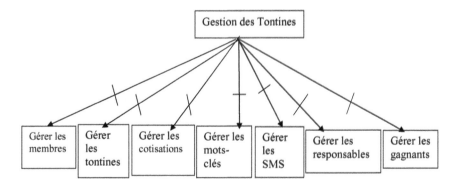

---

[4]Le Serveur SMS Center est celui qui interagit avec notre serveur applicatif java. Il permet de recevoir et d'envoyer les SMS.

La tâche « gérer les membres » peut être décomposée en sous tâches et en actions.

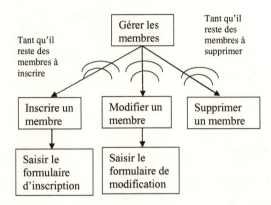

La tâche « gérer les tontines ».

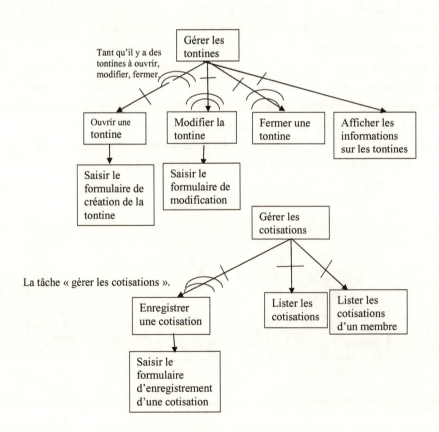

La tâche « gérer les cotisations ».

La tâche « gérer les gagnants ».

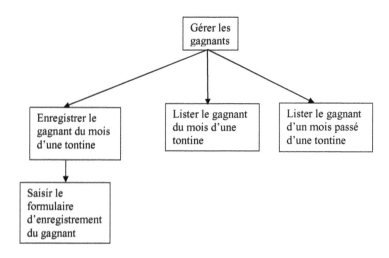

La tâche « gérer les responsables des tontines».

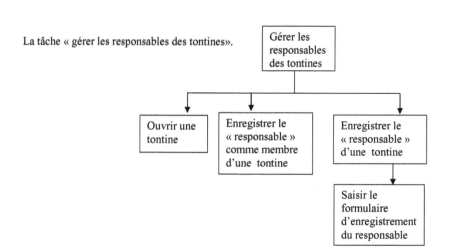

20

La tâche « gérer les SMS».

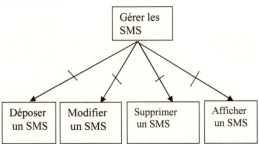

La tâche « gérer les mots-clés».

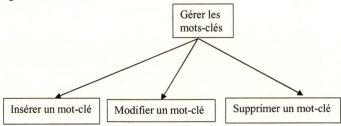

5. LA MODELISATION UML

La modélisation consiste à créer une représentation simplifiée d'un problème : le modèle. Le modèle constitue ainsi une représentation possible du système pour un point de vue donné. UML permet d'exprimer et d'élaborer des modèles objet, indépendamment de tout langage de programmation. Il a été pensé pour servir d'appui à une analyse basée sur le concept objet.

5.1 LE DIAGRAMME DES CAS D'UTILISATION

Nous présentons ici le diagramme des cas d'utilisations de notre cas de gestion de tontine dans le cadre de l'entreprenariat rural.

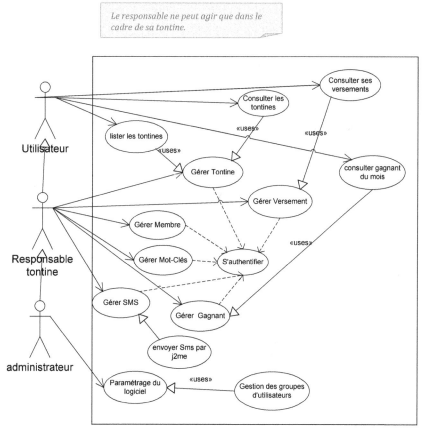

Figure 1 : DIAGRAMME DES CAS D'UTILISATION

5.2 LE DIAGRAMME DES SEQUENCES

Nous réalisons la séquence du cas d'utilisation « inscrire un membre » :

- ✓ L'administrateur lance application qui affiche un message d'accueil
- ✓ l'administrateur choisit le profil de connexion ;
- ✓ le système demande de s'authentifier ;
- ✓ l'administrateur s'authentifie ;
- ✓ le système propose un menu d'administration ;
- ✓ l'administrateur choisit de gérer les membres des tontines ;
- ✓ le système propose un ensemble d'opérations pouvant être effectuées ;
- ✓ l'administrateur choisit d'inscrire un membre ;
- ✓ le système demande les informations du membre ;
- ✓ l'administrateur envoie les informations ;
- ✓ le système valide et enregistre le nouveau membre ;
- ✓ le système lui précise si l'opération s'est bien effectuée.

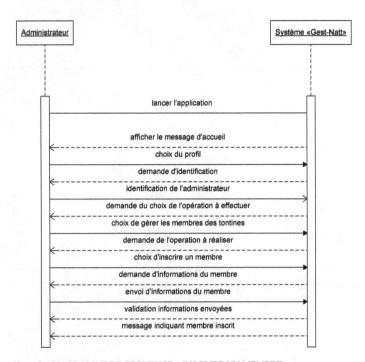

Figure 2 : DIAGRAMME DE SEQUENCE « INSCRIRE UN MEMBRE ».

5.3 LE DIAGRAMME DES CLASSES

Nous présentons ici le diagramme des classes.

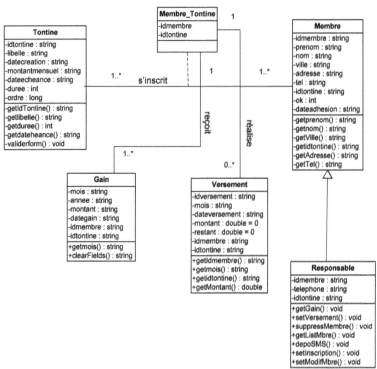

Figure 3: DIAGRAMME DES CLASSES

5.4   LE DIAGRAMME D'ACTIVITES

Nous présentons ici le diagramme d'activités d'inscription d'un membre à une tontine.

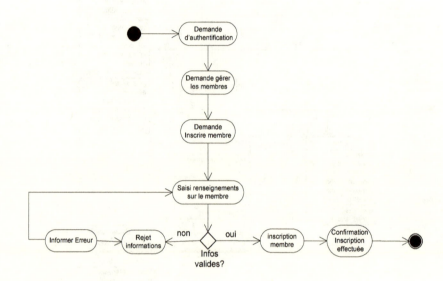

Figure 4 : DIAGRAMME D'ACTIVITE INSCRIRE UN MEMBRE.

DEUXIEME PARTIE :

APPROCHE TECHNIQUE

CHAPITRE I : APPROCHE TECHNIQUE

« Il n'y a rien de simple dans la nature, il n'y a que du simplifié »
-Gaston Bachelard- [10]

A. ETAT DE L'ART DES PLATEFORMES DE PROGRAMMATION DANS LES TERMINAUX MOBILES

Ceci n'est pas une liste exhaustive, car notre travail porte sur le langage J2ME comme spécifié dans le libellé de notre sujet, nous comparons les deux plateformes concurrentes et leader dans ce domaine.

1. JAVA /JAVA 2 MICRO EDITION (J2ME)

Java existe dans une version pour systèmes limités, nommée Micro Edition et se décomposant en deux configurations de base, selon les systèmes : Connected Limited Device Configuration (CLDC) pour les systèmes vraiment limités et Connected Device Configuration (CDC) pour les systèmes plus avancés. Tandis que CDC correspond à JAVA SE sans les bibliothèques d'interface graphique. Chaque configuration dispose de profils. MIDP/CLDC est le profil le plus courant, car correspondant au plus grand nombre de systèmes.

2. .NET COMPACT FRAMEWORK

A l'instar de Java avec son édition ME, .Net dispose de son Compact Framework (CF), et dispose d'autres spécifiques à la mobilité. Windows Mobile, de son côté, est la plate-forme utilisée par les systèmes Pocket PC, elle est basée sur Windows CE.

.Net Compact Framework, comme il se doit, dispose de Visual Studio pour tous ses développements : CF est totalement intégré à l'environnement de développement, de la même manière que SQL Server ou d'autres outils Microsoft. Du fait de son caractère "propriétaire", les outils de développement pour .Net CF se font rares et se limitent quasiment à ceux de Microsoft.

Les autres outils de développement ont pris cela en compte et pour s'assurer de prendre correctement le virage de la mobilité, s'ouvrent à plus d'un système : Visual Studio,

CodeWarrior et Crossfire sont ainsi en mesure de cibler les systèmes de type Symbian, Palm ou Windows Mobile. De son côté, l'ubiquité de Java fait de moins en moins de doute sur les mobiles, aidé en cela par la qualité des outils de sa plate-forme.

3. ETUDE COMPARATIVE DES ENVIRONNEMENTS DE DEVELOPPEMENT JAVA/ J2ME VERSUS C#/.NET

J2ME et Microsoft Embedded Architecture ont une approche totalement différente dans leur manière d'aborder le développement embarqué. Si Java privilégie l'aspect Multi-périphériques et Multi-OS, Microsoft préfère concentrer ses efforts sur Windows CE, son système d'exploitation maison. Concernant les environnements de développement, les deux prétendants proposent une large palette d'outils aussi puissants les uns que les autres avec Visual Studio .NET d'un côté et J2ME Wireless Toolkit de l'autre.

Les API mises en œuvre se basent essentiellement sur les architectures implémentées de part et d'autre avec un allègement des classes jugées trop gourmandes en termes de ressources. Sur ce marché de l'embarqué, *Sun* possède des alliés de poids comme *IBM*.

Malgré tous ces efforts, force est de constater que la technologie Microsoft ne parvient pas à rivaliser avec J2ME, ce dernier conservant de loin la première place en termes de taux de pénétration sur le terrain des logiciels mobiles. La plupart des grands constructeurs de téléphones portables au premier rang desquels figure *Nokia*, demeurent en effet fidèles à l'infrastructure de *Sun*. Le principal point fort de J2ME : sa portabilité. Une caractéristique qui le rend des plus attractifs pour les fournisseurs de services embarqués, qui cherchent à rendre leurs applications indépendantes des machines sous-jacentes.

4. PRESENTATION DE JAVA 2 MICRO EDITION (J2ME)

Java 2 Micro Edition est l'édition de développement Java embarqué de *Sun*, c'est une version allégée de la J2SE (Java 2 Standard Edition). Il n'existe pas d'outil propre au développement d'applications utilisant la J2ME, il suffit au minimum d'un éditeur de texte et des librairies correspondantes pour pouvoir compiler les fichiers sources.

4.1 L'ARCHITECTURE DE J2ME

J2ME offre aux développeurs Java l'opportunité de mettre à profit leurs compétences sur un large éventail d'appareils mobiles. Bien sûr, ces derniers affichent des capacités et puissances diverses, mais J2ME fait fi de ces différences en définissant des *configurations* et des *profils* ; ces derniers, lorsqu'ils sont combinés, donnent naissance à une plate-forme et une API complètes pour le développement d'applications sur une famille donnée d'appareils mobiles.

Techniquement, J2ME repose sur la machine virtuelle KVM (Kernel Virtual Machine) plus légère que JVM pour J2SE. En clair, KVM n'occupe que de 128 à 512 Ko de mémoire vive.

Pour développer une application en utilisant la J2ME, il faut d'abord savoir quelle configuration utiliser. Une configuration est la combinaison minimale d'une machine virtuelle et d'une API de base pour un périphérique. Sun a distingué deux principaux types de configurations en fonction des ressources disponibles pour chaque type de périphériques :

- ✓ **CDC** (Connected Device Configuration) qui s'applique à des périphériques dont la mémoire est supérieur à 512 Ko,
- ✓ **CLDC** (Connected Limited Device Application) qui s'applique à des cibles de faible capacité en mémoire (entre 128 et 512 Ko).

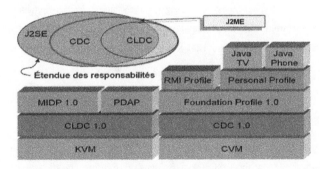

Figure 5: ARCHITECTURE DE JAVA 2 MICRO EDITION

Le J2ME propose donc une architecture modulaire. Chaque configuration peut être utilisée avec un ensemble de packages optionnels qui permet d'utiliser des technologies particulières (Bluetooth, services web, lecteur de codes barre, etc.). Ces packages sont le plus souvent dépendants du matériel [11] .

a. LES CONFIGURATIONS CLDC ET CDC

Les configurations définissent les caractéristiques de bases d'un environnement d'exécution pour un certain type de machine possédant un ensemble de caractéristiques et de ressources similaires. Elles se composent d'une machine virtuelle et d'un ensemble d'API de base.

La CLDC 1.0 est spécifiée dans la JSR 030 [12] : elle concerne des appareils possédant des ressources faibles (moins de 512 Mo de RAM, faible vitesse du processeur, connexion réseau limitée et intermittente) et une interface utilisateur réduite (par exemple un téléphone mobile ou un PDA "bas de gamme"). Elle s'utilise sur une machine virtuelle KVM. La version 1.1 est le résultat des spécifications de la JSR 139 : une des améliorations les plus importantes est le support des nombres flottants.

La CDC est spécifiée dans la JSR 036 [12] : elle concerne des appareils possédant des ressources plus importantes (au moins 2Mb de RAM, un processeur 32 bits, une meilleure connexion au réseau), par exemple un setup box ou certains PDAs "haut de gamme". Elle s'utilise sur une machine virtuelle CVM. Les caractéristiques de l'environnement matériel proposé par la configuration CDC sont :

Minimum de 512Ko de ROM et 256Ko de RAM, processeur 32 bits.

Une connexion réseau obligatoire (sans fil ou pas).

Support des spécifications complètes de la machine virtuelle Java (CVM).

Toutefois, CLDC n'intègre pas la gestion des interfaces graphiques, la persistance ou les particularités de chaque terminal. Ces aspects ne sont pas de sa responsabilité. La matrice suivante résume les packages et classes présentes dans cette couche :

Tableau 2: LISTE DES PACKAGES CLDC

Liste des packages de CLDC	
Java.io	Fournit la gestion des flux d'entrées/sorties
Java.lang	Classes de base du langage (types, …)
Java.util	Contient les collections et classes utilitaires
Javax.microedition.io	Classes permettant de se connecter via TCP/IP
javax.microedition.lcdui	Fournit la gestion de l'interface utilisateur (contrôles, …)
javax.microedition.midlet	Socle technique destiné à gérer le cycle de vie des midlets
javax.microedition.rms	Base de données persistante légère

b. LES PROFILS

Les profils se composent d'un ensemble d'APIs particulières à un type de machines ou à une fonctionnalité spécifique. Ils permettent l'utilisation de fonctionnalités précises et doivent être associés à une configuration. Ils permettent donc d'assurer une certaine modularité à la plate-forme J2ME. Il existe plusieurs profils :

Profil	Configuration	JSR	
MIDP 1.0	CLDC	37	Package javax.microedition.*
Foundation Profile	CDC	46	
Personal Profile	CDC	62	
MIPD 2.0	CLDC	118	
Personal Basis Profile	CDC	129	
RMI optional Profile	CDC	66	
Mobile Media API (MMAPI) 1.1	CLDC	135	Permet la lecture de clips audio et vidéo
PDA Profile 1.0		75	
Java APIs for Bluetooth		82	
JDBC optional Profile	CDC	169	
Location API for J2ME		179	
Wireless Messaging API (WMA) 1.1	CLDC	120	Permet l'envoi et la réception de SMS

Tableau 3: LISTE DES PROFILS

- **MIDP (Mobile Information Device Profile)**

MIDP est un profil standard qui n'est pas défini pour une machine particulière, mais pour un ensemble de machines embarquées possédant des ressources et une interface graphique limitée.

Cette multitude de profils peut engendrer un certain nombre de problèmes lors de l'exécution d'une application sur différents périphériques car, il n'y a pas la certitude d'avoir à disposition les profils nécessaires. Pour résoudre ce problème, une spécification particulière issue des travaux de la JSR 185 et nommée Java Technologie for the Wilayets Industry (JTWI) a été développée. Cette spécification impose aux périphériques qui la respectent de mettre en œuvre au minimum : CLDC 1.0, MIDP 2.0, Wireless Messaging API 1.1 et Mobile Media API 1.1. Son but est donc d'assumer une meilleure compatibilité entre les applications et les différents téléphones mobiles sur lesquels elles s'exécutent.

Le choix du ou des profils utilisés pour les développements est important car, il conditionne l'exécution de l'application sur un type de machine supporté par le profil.

5. INTERFACAGE DE J2ME AVEC LES BASES DE DONNEES

La spécification CLDC/MIDP 1.0 ne supporte pas la Java Database Connectivity (JDBC) étant donné la lourdeur de son implémentation par rapport aux ressources disponibles pour la machine virtuelle (peu de mémoire et de puissance processeurs). Pour effectuer un accès à une base de données, la meilleure solution consiste à ouvrir une connexion HTTP avec un serveur qui offrira un accès JDBC à la base de données, analysera les requêtes et enverra au PDA les résultats des requêtes.

6. ETAT DE L'ART DES ARCHITECTURES LOGICIELLES

On peut établir une typologie des applications tournant sur les systèmes embarqués par type d'architecture : applications locales, réseau, client-serveur, intelligentes ou distribuées.

- **Les applications locales**, correspondent aux applications qui peuvent tourner sur des terminaux sans couverture réseau.
- **Les applications tournant en réseau peer-to-peer**[5] sont des applications réseau terminal à terminal sans serveur (chat direct en direct...).
- **Les applications client-serveur**, sont des applications très légères dans lesquelles le terminal côté client a une logique applicative limitée. Ce sont par exemple des applications qui mettent en forme du contenu fourni par une application serveur.
- **Les applications client-serveur intelligentes** sont des applications dans lesquelles le terminal côté client a plus de logique applicative et de traitement local, comme les applications sans fil.
- **Les applications n-tiers ou distribuées ou multi-tiers** sont des applications tournant sur plusieurs terminaux souvent sans serveur, telles que jeux multi-joueurs, chatrooms sans serveurs, etc. [12].

---

[5] Technologie de mise en relation directe de micros à distance. Dans ce type de réseau, les pc sont connectés les uns aux autres sans passer par un serveur central

7. L'ARCHITECTURE DE NOTRE SYSTEME

Au vu des besoins précédemment spécifiés, le système devra offrir un large degré d'ouverture et d'évolutivité et ce pour chaque élément qui le constitue. Ceci ne pourra se faire qu'en disposant d'un bon niveau de modularité.

Un tel concept trouve sa concrétisation dans l'approche à couches et qui dans notre cas se présente de la façon suivante :

✓ **Un client :** dans le cas présent, il devra être léger et surtout facile à déployer ;
✓ **Un serveur applicatif :** segmenté lui-même en couches (présentation, logique de l'application, et gestion des ressources) ;
✓ **Une base de données** : qui fournit des données au serveur applicatif et permet la persistance des données.

L'architecture 3-tiers semble mieux répondre aux contraintes qui nous sont assignés. L'architecture trois tiers (« 3-Tiers » en anglais) ou architecture à trois niveaux est l'application du modèle plus général qu'est le multi-tiers. L'architecture logique du système est divisée en trois niveaux ou couches :

✓ **La présentation des données :** correspondant à l'affichage, la restitution sur le poste de travail, le dialogue avec l'utilisateur ;
✓ **Le traitement métier des données :** correspondant à la mise en œuvre de l'ensemble des règles de gestion et de la logique applicative ;
✓ **Et enfin l'accès aux données persistantes** (persistancy en anglais) : correspondant aux données qui sont destinées à être conservées sur la durée, voire de manière définitive.

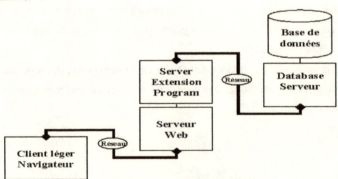

Figure 6 : ARCHITECTURE 3-TIERS

- **LES AVANTAGES DE L'ARCHITECTURE 3-TIERS**

Les requêtes des clients vers le serveur sont d'une plus grande flexibilité que dans celles de l'architecture 2-tiers basées sur le langage SQL ; en effet les appels clients ne spécifient que des paramètres et des structures de données pour les valeurs de retour.

Par ailleurs, l'utilisateur n'est pas supposé connaître le langage SQL, qui ne sera pas implémenté dans la partie « client » qui ne s'occupe (rappelons-le) que de fonctions d'affichage. De ce fait des modifications peuvent être faites au niveau du SGBD sans que cela impacte la couche « client ». Cette flexibilité permet à une entreprise d'envisager dans le cadre d'une architecture 3-tiers une grande souplesse pour l'introduction de toutes nouvelles technologies.

D'un point de vue développement, la séparation qui existe entre le client, le serveur et le SGBD permet une spécialisation des développeurs sur chaque tiers de l'architecture. Plus de flexibilité dans l'allocation des ressources ; la portabilité du tiers serveur permet d'envisager une allocation et ou modification dynamique au gré des besoins évolutifs au sein d'une entreprise [14].

- **LES INCONVENIENTS DE L'ARCHITECTURE 3-TIERS**

Il y a certains inconvénients :
- Une expertise de développement à acquérir qui semble plus longue que dans le cadre d'une architecture 2-tiers.
- Corollaire du point précédent, les coûts de développements d'une architecture 3-tiers sont plus élevés que pour du 2-tiers, au début semble t-il, d'après une étude du cabinet Gartner group (1998) [14].

Il existe une variante dans l'architecture 3-tiers, basée sur le concept de client léger (thin-client). Cette dernière repose sur le fait que la présentation n'est plus créée sur le client mais par le serveur d'application Web dédié, ce qui allège le client.

8. ARCHITECTURE GLOBALE DE NOTRE APPLICATION « GEST-NATT »

Nous présentons l'architecture globale de l'application de gestion de tontines. Notre solution est constituée de deux parties :

- Le module par JAVA/SMS ;
- Le module par J2ME/HTTP.

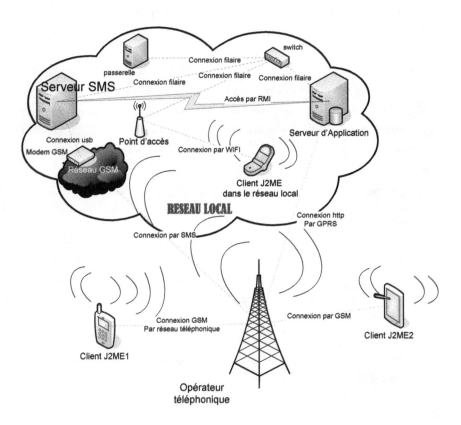

Figure 7 : ARCHITECTURE GLOBALE DE L'APPLICATION « GEST-NATT »

Pour notre solution par SMS, nous avons un Serveur SMS Center connecté à un modem GSM ayant une puce et un numéro téléphonique ; Plusieurs applications interagissent avec ce Serveur SMS Center. Toutes les requêtes SMS qui arrivent sur le modem sont récupérées grâce au « serveur-java » qui tourne dans le Serveur SMS Center, ceux-ci sont traitées puis routées vers l'application concernée. Ce système se base sur des mots clés pour identifier l'application destinataire. L'interaction du Serveur SMS Center et notre Serveur d'application Gest-Natt se fait par la technologie java RMI.

Notre Serveur d'Application Gest-Natt a deux tables dédiées aux SMS dans sa base de données : *SMSaenvoye* et *SMSrecu*. Chaque fois qu'une requête SMS est destinée à notre Serveur d'application Gest-Natt, celle-ci est déposée dans la table SMSreçu. Après traitement par notre Serveur d'application Gest-Natt, les résultats sont mis dans la table SMSaenvoye avec le champ état à « 0 ». Si l'état est à « 0 » alors le Serveur SMS Center récupère le contenu de la table SMSaenvoye (numéro du destinataire, contenu du message) et envoie un « SMS réponse » à celui qui a émis le SMS, puis modifie l'état à « 1 ». Notons que c'est l'application « serveur-java » du Serveur SMS Center qui se charge d'envoyer la réponse au client via le modem GSM.

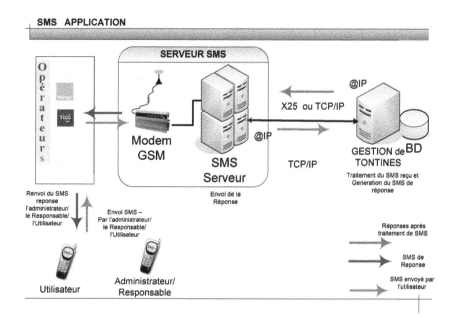

Figure 8 : ARCHITECTURE DU MODULE JAVA/SMS

Un second serveur d'application pour la solution par sans fil. Il s'agit d'un serveur web (Apache+ scripts PHP). Les requêtes http sont envoyées par les clients J2ME vers notre serveur Web-Apache, celles-ci sont traitées grâce aux scripts PHP qui interagissent avec notre base de données MySQL. Notre solution est modulaire, elle peut s'appliquer dans le cadre d'un réseau local sans fil avec point d'accès, ou par le réseau WAN via le GPRS (voir la figure suivante).

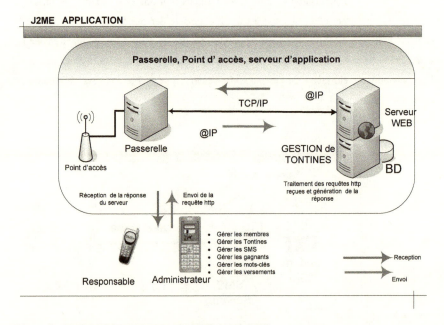

Figure 9 : ARCHITECTURE DU MODULE JAVA/SMS

B. SPECIFICATIONS DU SYSTEME ET CONTRAINTES DE CONCEPTION

Les spécifications d'un système informatique doivent prendre en compte les interactions entre lui et son environnement. Les spécifications les plus importantes de notre système sont celles liées à son utilisation et à son implémentation.

Le développement des applications pour mobiles demeure tributaire des capacités technologiques des téléphones. Ceux-ci accusent un déficit en terme de ressource système (mémoire, processeur...). Les mobiles ont également des éléments optionnels, en particulier au niveau de Java, par exemple Bluetooth, la 3D, la prise de photo, l'enregistrement audio, le SMS (envoi et réception), le MMS (envoi et réception), etc. Pour pouvoir utiliser ces éléments depuis un programme Java, le mobile doit être équipé de l'API Java correspondante, ce qui n'est pas systématique. L'appareil mobile pose quatre défis aux développeurs : son interface, son état déconnecté, la variété quasi-infinie des appareils et la multitude des systèmes d'exploitation. En procédant à une planification et une recherche minutieuse, on peut surmonter une partie des problèmes de développement. Développer des applications exige une prise en compte des contraintes des modèles des mobiles.

1. LES CHOIX TECHNOLOGIQUES

Après la conception et le choix de l'architecture, nous passons au choix des outils logiciels qui devront être implémentés pour la réalisation des applications sur les terminaux mobiles.

1.1 LES ENVIRONNEMENTS DE DEVELOPPEMENT JAVA/J2ME

Les environnements de développement concernant les différents langages, sont de nos jours assez déterminants. Bien que ceux-ci ne constituent pas l'ossature de la programmation, ces outils de développement, apportent des facilités qui sont d'un grand apport aux développeurs.

Il existe une multitude d'IDE pour le langage Java et la question essentielle est "lequel choisir et selon quels critères ?"

Pour le langage Java, il existe plusieurs EDI qui lui sont spécialement dédiés :

- Eclipse (gratuit) ;
- JBuilder (de Borland : commercial) ;
- Sun One de Sun Microsystems;
- Netbeans (de Sun : gratuit) ;
- Jcreator;
- JDevelopper d'Oracle;
- WebSphere Studio;
- IDEA IntelliJ;
- WebGain VisualCafe,

1.2   ETUDE COMPARATIVE DES ENVIRONNEMENT DE DEVELOPPEMENT INTEGRE JAVA / J2ME

Notre étude comparative porte sur des plateformes dédiées au langage Java/J2me. Le choix est tributaire de nos objectifs et de notre projet. En effet pour pouvoir faire le bon choix, il faut tout d'abord fixer les buts à atteindre à la fin du projet. En second lieu, il faut veiller à ce que les fonctionnalités essentielles pour développer des applications ne fassent pas défaut. D'une façon générale, les environnements de développement intégrés (IDE) sont très gourmands en ressources machines : un processeur rapide, 256 Mo de RAM pour être à l'aise, etc. En fait la plupart de ces outils sont partiellement ou totalement écrits en Java. Parmi ces fonctionnalités ou éléments, nous citions :
- Un éditeur de code avec highlighting du code ;
- Un navigateur de code (vue des classes, descripteur XML, vue des méthodes) ;
- Un débuggeur à distance (inclus dans toutes les JVM Java) ;
- Une ergonomie et convivialité pour faciliter l'utilisation.

Parmi les différents environnements de développements intégrés (EDI), consacré au langage java, trois d'entre eux tiennent le peloton de tête :

- ECLIPSE ;
- JBUILDER ;
- NETBEANS.

a.   JBUILDER

C'est l'éditeur conseillé aux débutants en programmation des interfaces graphiques avec Java car il offre un "designer" pour les interfaces graphiques qui permet d'en faire une tout simplement en glissant les objets voulus pour lesquels on peut définir les paramètres couramment utilisés et entre autre les éventuels évènements nécessaires par un simple clic. JBuilder oblige l'initialisation des objets de l'interface graphique dans une certaine méthode et refuse de traiter tout autre objet hors de cette méthode. Cela ne veut pas dire tout de même que cet éditeur n'a pas d'avantages sinon, il ne serait pas le plus vendu au monde. Autre chose impressionnante, il est presque complet : TOMCAT, JBoss, JAVABEANS, ...et même CVS pour importer les projets, bref il contient ce qu'un développeur Java peut solliciter pour écrire des classes Java, servlets, des pages JSP...

b. ECLIPSE

Eclipse, produit IBM gratuit et libre, est un environnement de développement intégré (le terme Eclipse désigne également le projet correspondant, lancé par IBM) extensible, universel et polyvalent, permettant potentiellement de créer des projets de développement mettant en œuvre n'importe quel langage de programmation. L'un des avantages, Eclipse n'installe pas un JDK[6] (Java Development Kit) mais demande d'en installer au préalable et il offre la possibilité de choisir la JVM[7] (machine virtuelle Java). Son interface utilisateur est bien agréable et complète sans pour autant être encombrée comme celle de JBuilder. A la différence de JBuilder gourmande (dans sa version X ou 10) en ressource système, Eclipse ne consomme pas trop de ressources.

Sa spécificité vient du fait de son architecture totalement développée autour de la notion de plugin : toutes les fonctionnalités de l'EDI sont développées en tant que plugin. Cela a permis l'émergence de nombreux modules disponibles à partir d'Internet. Ainsi, via ces modules, on peut développer facilement des programmes en PHP, C++, etc. Notons que les plugins Eclipse sont architecturés selon les recommandations d'OSGi (Open Services Gateway initiative). De nombreux langages sont d'ores et déjà supportés (la plupart grâce à l'ajout de plug-ins), parmi lesquels : Java, C#, C++, C, Python, Perl, Ruby, COBOL, Pascal, PHP, Javascript, XML, HTML, XUL, SQL, ActionScript.

---

[6] Le Java Development Kit (couramment abrégé en **JDK**) est l'environnement dans lequel le code Java est compilé pour être transformé en bytecode afin que la JVM (machine virtuelle de Java) puisse l'interpréter.
[7] Le programme qui interprète le code Java et le convertit en code natif.

c. NETBEANS

C'est un environnement de développement intégré (IDE) pour Java, placé en open source par Sun en juin 2000 sous licence SPL (Sun Public Licence). En plus de Java, NetBeans permet également de supporter différents autres langages, comme C, C++, XML et HTML. Il comprend toutes les caractéristiques d'un IDE moderne. Il présente toutes les caractéristiques indispensables à un RAD[8] Java de qualité. De licence OpenSource, NetBeans 4.1 permet de développer et déployer rapidement et gratuitement, des applications graphiques Swing, des Applets, des JSP/Servlets, des architectures J2EE, dans un environnement fortement customisable.

NetBeans possède un noyau robuste, et un système de plugins. Il intègre ainsi des outils comme Ant, JUnit, JBoss, RefactoIT, CVS-SSH, PoseidonUML , C, C++, XML, Jython, Tomcat, et propose un debugger puissant.

NetBeans est disponible sous Windows, Linux, Solaris (sur x86 et SPARC), Mac OS X et Open VMS.On peut noter que NetBeans est lui-même développé en Java.

1.3 LES SERVEURS APPLICATIFS

Notre application de gestion de tontines rurales et basée sur deux technologies différentes : le sans fil et les Short Message Service (SMS). Ceci entraîne ipso facto, la mise en place de deux serveurs d'applications.

- Un serveur basé sur Java/RMI pour la partie SMS ;
- Un second qui est un serveur Web.

a. LE SERVEUR WEB

Le choix de l'architecture est imposé par les contraintes matérielles et fonctionnelles des terminaux mobiles. De même le choix des technologies côté serveur est inhérent aux types des applications et au contexte de leur utilisation, ou au cahier de charge spécifié. Dans notre cas, nous utilisons un serveur web. Par conséquent, le choix que nous effectuons ici correspond à

[8]RAD : Rapid Application Development, méthode de développement de logiciels par itérations où l'on réalise, teste et fournit des morceaux de l'application à intervalles réguliers sans attendre que l'ensemble soit achevé.

un cas pratique de « gestion des tontines ». Cette application est destinée à automatiser le fonctionnement des tontines rurales.

Le rôle clé jouer par le serveur web dans notre architecture nécessite le passage par une phase de sélection. Si on s'intéresse de prêt au marché des serveurs Internet, on constate qu'il est caractérisé par un grand nombre de produits concurrents. Netcraft[9] et E-Soft[10] qui analysent ce marché en dénombrent plusieurs dizaines. Toutefois, et toujours d'après les mêmes sources deux serveurs web sont leaders : Apache HTTP Server et Internet Information Services (IIS). Apache se détachent du lot et présente une évolution constante.

En résumé, Apache est gratuit, multiplateforme et très fiable. Son seul inconvénient reste sa complexité à paramétrer et à administrer, difficulté pondérée par le nombre de sites et tutoriels qui lui sont consacrés. Tous ces éléments nous incitent à choisir Apache comme serveur frontal de notre solution [15].

	Systèmes d'exploitation	sécurité			Contenu dynamique			licence	coût
		Basic	DAA	HTTPS	JSP/Servlet	CGI	PHP		
Apache http serveur	Windows, Maccintosh, Os X, Linux, BSD, Solaris	oui	oui	oui	Non	oui	oui	Licence Apache	gratuit
Microsoft Internet Information Services(IIS)	Windows	oui	oui	oui	Non	oui	oui	propriétai re	Prix du système d'exploitation

Tableau : comparatif Apache HTTP Server et Microsoft IIS.[15]

a. LE LANGAGE COTE SERVEUR

Il existe plusieurs langages pouvant être utilisés du côté serveur, parmi lesquels :

- **ASP.NET** (Active Server Pages) : standard propriétaire (Microsoft) qui permet de développer des applications Web interactives. L'inconvénient majeur d'ASP est qu'il n'est disponible qu'avec le serveur Web de Microsoft (IIS) et donc ne s'exécute que sous le système d'exploitation Windows.

---

[9]Http://www.netcraft.com
[10]Http://www.securityspace.com/s_survey/data/index.html

- **CGI** (Common Gateway Interface) : est une norme qui définit un mécanisme permettant au serveur HTTP de transmettre les informations d'une requête à des programmes externes. L'inconvénient de ces scripts est qu'ils sont très gourmands en ressources systèmes. Chaque script utilise un processus différent, ce qui demande beaucoup de mémoire et d'utilisation processeur.
- **JSP** (JavaServer Pages) : est une technologie JAVA directement concurrente d'ASP, de plus elle est indépendante de la plateforme. Les commandes JSP sont placées dans le code HTML. Leur mode de fonctionnement est relativement lourd, il se déroule en 4 temps : La requête est reçue par le serveur, la page demandée est traduite en servlets, puis compilée et exécutée pour être à la fin transmise au client.
- **JAVA Servlets** : sont un peu l'inverse des JSP, dans le sens ou le code HTML est intégré dans du code JAVA. Leur mode de fonctionnent se passe en deux temps : la servlet est exécutée et la page HTML est reçue par le serveur puis transmise au client.
- **PHP** (HyperText Preprocessor) est un langage interprété exécuté du côté du serveur. Ses principaux atouts sont : sa gratuité, son intégration au sein de nombreux serveurs web (Apache, Microsoft IIS, ...), la simplicité d'écriture de scripts, et la simplicité d'interfaçage avec des bases de données. PHP comporte plus de 1000 fonctions, parmi lesquelles les fonctions d'images, les protocoles Internet [15].

De cette liste non exhaustive, nous avons deux langages, qui se distinguent à cause de leur portabilité : JSP/SERVLET et PHP. Nous optons pour le PHP du fait des atouts mentionnés plus haut (simplicité d'écriture de scripts, simplicité d'interfaçage avec des bases de données…) pour la réalisation cette application de gestion de tontines. Cependant, il était possible d'utiliser les JSP/SERVLET.

1.4 LE CHOIX D'UN SGBD[11]

Le choix que nous portons ici relatif à notre application sur la gestion d'une tontine rurale concerne les SGBD open source les plus aboutis.

---

[11]SGBD : système de gestion de base de données

a. MaxDB/SAP DB

Le SGBD MaxDB est développé par MySQL AB. Ses fonctionnalités sont relativement proches de celles de la version 5 de MySQL. Certaines fonctionnalités, comme les déclencheurs (triggers) qui auparavant n'étaient présents que dans MaxDB, ont été portées dans MySQL.

b. INGRES

INGRES est un SGBD relationnel qui vient d'entrer dans le monde du libre. Cette base de données est d'une installation simple et supporte les bases allant de quelques lignes à une taille demandant l'utilisation d'une grappe (cluster). Elle respecte la norme SQL-92 avec beaucoup d'extensions propriétaires. Les transactions simples et distribuées sont ainsi implémentées. INGRES fonctionne sur les systèmes suivants :

- Linux ;
- Unix: Solaris, HP-UX, AIX, OpenVMS ;
- Windows.

c. POSTGRESQL

Autre grand nom de la base de données libre, PostgreSQL. Le SGBD supporte une grande partie de la norme SQL et offre les fonctionnalités des bases de données modernes comme les requêtes complexes, les clés étrangères, les déclencheurs, les vues.

PostgreSQL fonctionne sur les systèmes suivants :

- Linux ;
- Unix ;
- Windows.

d. MYSQL

MySQL, est certainement la base de données libre la plus connue. Elle est en effet la plus présente dans les entreprises en termes de part de marché. Elle offre l'avantage d'être facilement configurable pour les petites bases. Cette architecture (toutes les données en mémoire vive) offre certes un temps de réponse minimum. MySQL fonctionne sur les systèmes suivants :

- Linux Unix : Solaris, HP-UX, AIX, SCO ;
- BSD : FreeBSD;
- Apple : Mac OS ;
- Windows ;
- Novell : NetWare.

Notre choix s'est porté sur la base de données MySQL pour ses atouts précédemment cités.

2. NOTRE ENVIRONNEMENT DE TRAVAIL

Pour réaliser ce travail, notre environnement matériel requiert :

- un ordinateur pour développer les applications Java/J2me ;
- un serveur pour nos serveurs (applicatifs).
- Un point d'accès pour créer un réseau sans fil ;
- un PDA/SmartPhone pour tester les applications ;

Pour l'ordinateur de développement des applications nous n'avons pas une contrainte spécifique, nous utilisons un Pentium IV (marque NEC) :

- ✓ CPU : 3GHZ
- ✓ Mémoire Ram : 512Mo
- ✓ Disque dur : 70Go.
- ✓ Une carte sans fil : D-Link AirPlus DWL-G520 Wireless PCI Adaptater ;
- ✓ Système d'exploitation : Windows XP professionnel (version 2002), service pack 2.

Les serveurs applicatifs sont installés dans un serveur ayant les caractéristiques suivantes :

- ✓ CPU : 3,6 GHz ;
- ✓ Mémoire Ram : 512 Mo ;
- ✓ Disque dur : 80Go.
- ✓ Système d'exploitation : Windows XP professionnel (version 2002), service pack 2.

Nous avons utilisé un PDA Qtek 9100 comme terminal mobile :

- ✓ PDA communiquant GSM/EDGE, Bluetooth, Wi-Fi ;
- ✓ Système d'exploitation : Microsoft Windows Mobile 5.0 Pocket PC Phone Edition
- ✓ Processeur /Chipset   TI OMAP 850, 200 MHz
- ✓ Mémoire ROM : 128 Mo.
- ✓ RAM : 64 Mo.

TROISIEME PARTIE : MISE EN ŒUVRE

CHAPITRE I : MISE EN ŒUVRE

N'ayez pas peur des échecs. Le premier est nécessaire, car il exerce la volonté. Le second peut être utile. Si vous vous relevez du troisième, vous êtes un homme.
-René Bazin-

Nous soulignons que notre application étant propriétaire du CRDI, nous ne pouvons donnez l'exactitude des codes sources que nous avons écrits, nous présenterons néanmoins la procédure et quelques ébauches de codes sources de sorte que le lecteur puisse comprendre notre approche de programmation.

Cette dernière partie aborde les aspects pratiques de notre travail. Elle présente la mise en œuvre des installations et configurations de nos outils.

Pour développer nos applications, nous utilisons les outils :

- Le J2SDK
- Wireless toolkit 2.5 (CLDC
- EasyEclipse :
- EasyPhp Server (om peut aussi utiliser XAMP, WAMP…)
- Windows XP

A. INSTALLATIONS ET CONFIGURATIONS

1. LES PREREQUIS

Etant donné qu'il s'agit de développer des applications en java, il est indispensable que notre ordinateur soit au préalable configuré à utiliser la machine virtuelle java. Nous faisons un rappel sommaire de cette configuration en présentant comment déterminer la version de la machine virtuelle installée sur une machine, comment installer une machine virtuelle et comment installer le kit de développement Java de *Sun* (SDK). Ces différents points sont abordés pour un environnement Windows.

1.1 DETERMINATION DE LA VERSION DE VOTRE MACHINE VIRTUELLE JAVA

Dans une fenêtre de commande, si nous tapons la commande « java -version » nous devrions voir la version de la machine virtuelle par défaut utilisée par votre système. Si le message « *command not found* » apparaît, c'est très certainement qu'aucune machine virtuelle n'est installée.

1.2 INSTALLATION DU JAVA RUNTIME ENVIRONNEMENT (JRE)

L'installation du JRE ne pose pas de problème particulier. Il suffit de télécharger le logiciel sur le site officiel de Java et de lancer l'installation. Une fois l'installation terminée, le JRE est directement opérationnel.

1.3 INSTALLATION ET CONFIGURATION DU KIT DE DEVELOPPEMENT JAVA J2SDK (sous Windows)

Le J2SDK - Java 2 Software Development Kit - est le kit de développement Java développé par *Sun*. Il est, pour des raisons historiques, communément appelé JDK - Java Development Kit. Pour installer le J2SDK, il faut télécharger l'exécutable d'installation sur le site officiel de Java. L'installation se fait alors sans difficultés particulières. Pour la suite de l'installation, il est recommandé de noter précisément dans quel répertoire est installé le J2SDK. Il est fortement conseillé de ne pas modifier le répertoire d'installation par défaut afin de permettre à d'autres développeurs de se retrouver dans l'arborescence des répertoires.

Après avoir installé le J2SDK, il faut vérifier que « java est reconnu en tant que commande interne », pour cela :

- Il faut taper « java -version » dans une fenêtre de commande : Si le message « java n'est pas reconnu en tant que commande interne » s'affiche, alors il faut compléter la variable d'environnement « path » afin que la commande java soit reconnue comme étant une commande interne.

- Il faut vérifier la commande « javac ». Pour cela, taper « javac » en ligne de commande.

En cas de problème, nous suggérons de :

- S'assurer que l'exécutable Java qui est lancé par défaut est celui défini dans le J2SDK qui a été choisi, il faut ajouter l'adresse du répertoire « bin » du J2SDK en tête de la variable d'environnement « path ». Si la variable d'environnement « path » a été définie, il faut bien vérifier que celle-ci pointe vers le répertoire « bin » du répertoire d'installation du J2SDK.

2. INSTALLATION DU J2ME WIRELESS TOOLKIT (WTK) 2.5 FOR CLDC

Il s'agit d'un émulateur offrant un environnement d'exécution d'applications destiné à des terminaux mobiles.
Pour utiliser le WTK 2.5, il faut :

- Microsoft Windows XP ;
- Java TM 2 Platform, Standard Edition (Java SE SDK), version 1.5.0, Standard Edition Runtime Environment (JRE), version 1.5.0.

Pour télécharger le SDK ou le JRE : http://java.sun.com/javase/downloads/index.html
La configuration matérielle minimum :

- 100 Mo d'espace libre ;
- 128 Mo system RAM ;
- 800 MHz Pentium III CPU.

Le J2ME Wireless Toolkit de Sun est une boîte à outils pour développer les applications sans fil qui sont basées sur la configuration de dispositif limitée reliée par J2ME' (CLDC) et le profil mobile de dispositif de l'information (MIDP). Le J2ME Wireless Toolkit inclut les environnements d'émulation, l'optimisation d'exécution et les dispositifs, la documentation, et les exemples. L'installation de J2ME Wireless Toolkit s'effectue comme suit :

- ✓ Aller sur le site suivant pour télécharger le WTK 2.5 CLDC
  http://java.sun.com/products/sjwtoolkit/download-2_5.html ;
- ✓ Lancer l'installation du WTK 2.5 CLDC.
- ✓ Cliquer sur *Yes* pour accepter le contrat et continuer l'installation.

Indiquons l'emplacement du JDK préalablement configuré que nous voulons utiliser pour nos applications J2ME. L'installation détecte s'il y a une machine virtuelle java sur notre ordinateur, sinon il faudrait l'installer.

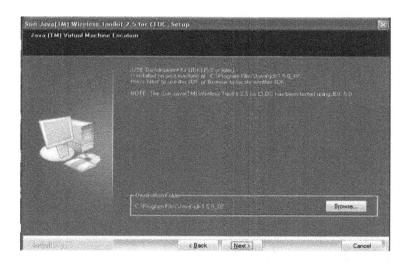

Figure 10 : CHOIX DU JDK DEVANT ETRE UTILISE PAR LE WTK 2.5

Après ces étapes, la suite peut être acceptée par défaut. L'environnement de ce logiciel est le suivant.

On clique sur open Project pour avoir la liste des projets déjà fournis.

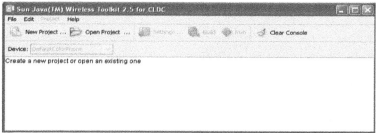

Figure 11 : ENVIRONNEMENT DE TRAVAIL DU WTK 2.5

Enfin il suffit de sélectionner un projet, l'ouvrir et lancer l'application avec 'run'.

La création d'une application avec le Wireless Toolkit implique quatre étapes de base :

1. Lançons le toolkit, recherchons le programme appelé *KToolbar* ou *Wireless Toolkit 2.5* comme dans notre cas si nous ne savons plus où est ce que nous en sommes.

2. Créons un projet à l'aide du bouton *Create Project*. Nous sommes invités à saisir le nom du projet, ainsi que le nom de la classe *MIDlet* principale qui doit être exécutée pour démarrer l'application. Le Wireless toolkit crée alors un répertoire du projet portant le nom que nous avons indiqué lors de la création du projet.

3. Vérifions que les propriétés du projet qui s'affichent sont correctes.

4. Rédigeons notre code source Java dans un éditeur texte ou dans notre IDE favori (ou bien copiez le code existant) et sauvegardons-le dans le sous-répertoire *src* du dossier principal de notre projet.

3. CREATION DE NOTRE APPLICATION MIDP

Tout d'abord, créons un projet "MonProjetTest", le nom de la classe MIDlet est "HelloJ2ME".

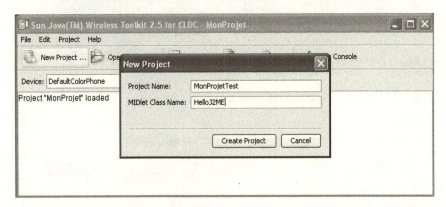

Figure 12 : CREATION D'UN PROJET/CLASSE « HelloJ2ME » DANS WTK 2.5

Une fois que nous indiquons les paramètres du projet, le toolkit crée un dossier du projet et demande de placer le code source dans le sous-répertoire *src*. Enregistrons le code sous le nom « HelloJ2ME.java » dans ce sous-répertoire, puis cliquons sur le bouton Build. En supposant que notre code est correct, la compilation devrait se passer sans problème. Ensuite cliquons sur le bouton "Run" et sélectionnons "HelloJ2ME" dans le menu d'application qui s'affiche dans l'émulateur ; nous voyons alors le fruit de notre labeur, comme l'illustre la suivante.

Figure 13: EXEMPLE Hello AVEC J2ME

La *figure* précédente représente l'émulateur par défaut " MediaControlSkin" ; on pouvait
sélectionner un autre émulateur à partir de la zone nommée Device dans la fenêtre principale
du toolkit. La plupart des émulateurs disposent de boutons de commande fonctionnant de
manière similaire à ceux qui figurent sous l'écran de "DefaultGreyPhone".

4. LES FICHIERS JAR ET JAD

Les applications MIDP sont organisées en suites pouvant contenir une ou plusieurs
applications MIDP. Chaque suite MIDP est distribuée sous la forme d'une archive Java ou
d'un fichier JAR[12] (que le Wireless Toolkit peut créer à notre place par le biais de la
commande de menu Project | Package). Chaque fichier JAR comporte ce que l'on appelle un
manifeste, qui fournit des informations sur les classes qu'il contient. La boîte de dialogue
"Project Settings" qui apparaît immédiatement après la création d'un projet Wireless Toolkit
nous permet de définir le contenu de ce fichier de manifeste. Les manifestes supportent neuf
attributs, dont six doivent être définis pour chaque application MIDP.

Un fichier JAD (Java Application Descriptor) peut également être fourni pour une suite
MIDP. Ce fichier héberge des informations complémentaires sur la configuration d'une
application et peut être accédé par une application au moment de l'exécution à l'aide de la

---

[12] Fichier d'archive Java

méthode MIDlet.*getAppProperty*. Tout comme les manifestes JAR, les fichiers JAD requièrent eux aussi un ensemble de six attributs [17].

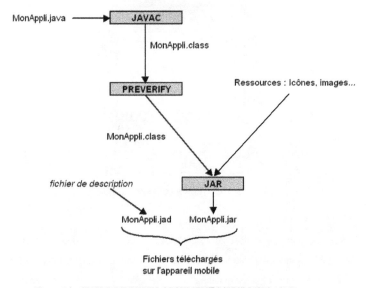

Figure 14 : CYCLE DE DEVELOPPEMENT D'UNE MIDlet [16]

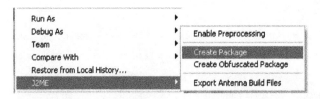

Figure 15: CREATION D'UN JAR

Nous avons généré une archive Jar en faisant un clique-droit sur le nom de notre projet dans EasyEclipse>J2ME>Create Package (*figure 16*). Un répertoire *deployed* est automatiquement créé dans lequel nous avons un fichier Jar qui peut être testé à l'aide d'un émulateur. Nous pouvons désormais nous intéresser à l'étape suivante : **le déploiement**.
Le déploiement peut se faire de deux façons :

    ✳ Déploiement physique : Ce déploiement se fait en connectant notre téléphone à notre ordinateur (USB, port série, Bluetooth, Infrarouge) ;

    ✳ Déploiement via OTA : Ce déploiement se fait par le biais du WAP.

- **Déploiement via OTA**

Pour pouvoir installer un programme en utilisant OTA (Over The Air), il faut tout d'abord que notre mobile soit compatible (beaucoup le sont de nos jours). Le principe d'OTA est celui-ci :

- Le téléphone se connecte sur le site WAP ;
- La page s'affiche, elle contient la ou les applications disponibles ;

Une application est sélectionnée :

- Le téléphone télécharge cette application dans sa mémoire ;
- Le téléphone installe l'application.

Cependant, notons que le Wireless Toolkit n'est pas approprié pour développer des applications, car pour créer un projet il faudrait l'écrire dans le fichier texte et l'enregistrer sous format «.java ». De ce fait la configuration de WTK 2.5 avec EasyEclipse Mobile est un atout pour pallier cette limite.

5. INSTALLATION D'EasyEclipse Mobile

EasyEclipse est un projet visant à fournir des packages Eclipse préconfigurés pour différents usages, sous forme de "distributions". Chaque distribution se compose d'une archive contenant la plate-forme Eclipse et différents plugins[13]. Elles sont distribuées en OpenSource, et fonctionnent de la même manière que les distributions officielles : elles intègrent un certain nombre de plugins pour offrir des versions orientées en fonction de l'utilisation :

- EasyEclipse Expert Java ;
- EasyEclipse Desktop Java – développement de clients riches avec une interface graphique Swing ou AWT ;
- EasyEclipse Server Java ;
- **EasyEclipse Mobile Java** – développement d'applications pour clients mobiles (J2ME) ;

---

[13] Morceau de logiciel destiné à ajouter une ou plusieurs fonctionnalités à un logiciel déjà existant.

- EasyEclipse Plugin Warrior – développement de plugins Eclipse ;
- EasyEclipse for LAMP – développement en PHP, Python, Perl, et Ruby

Apres avoir téléchargé EasyEclipse, nous devons :

- ✓ Lancer le setup d'EasyEclipse for Mobile, nous avons la première fenêtre ;
- ✓ Cliquez sur « *Next* » ;
- ✓ Accepter le contrat de licence en appuyant sur « I Agree ».
- ✓ Définir l'emplacement ou sera installé EasyEclipse Mobile Java.

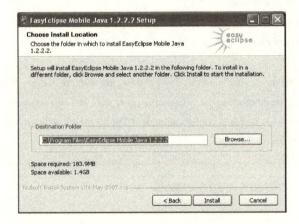

Figure 16 : CHOIX DU REPERTOIRE D'INSTALLATION D'EasyEclipse

- ✓ Installer…

Après l'installation, nous lançons EasyEclipse, et comme Eclipse, nous indiquons le répertoire de travail dans lequel tous nos projets seront créés. Notons qu'avec EasyEclipse Mobile, nous avons un environnement de développement préconfiguré avec le plugin Java ME pour la création des applications mobiles.

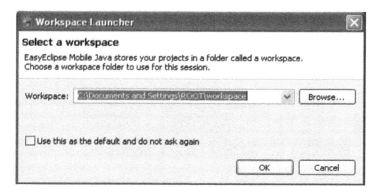

Figure 17 : CHEMIN DU REPERTOIRE DE TRAVAIL

6. INSTALLATION D'EasyPhp

Installons EasyPHP, qui comprend le serveur Web Apache, la base de données MySQL, le langage PHP et différents outils. Après avoir téléchargé l'archive EasyPhp 1.8 : nous devons

- ✓ Double cliquer sur l'icône de l'archive d'EasyPHP 1.8. Ceci aura pour effet, après une boite de dialogue de confirmation, d'afficher le **Premier** écran, setup d'EasyPHP ;
- ✓ Cliquer sur le bouton *'suivant'* pour afficher l'écran de la licence. Cochons "I accept..." puis cliquons sur le bouton *'Next'* pour continuer. L'écran suivant affiche quelques informations notamment sur la mise à jour depuis une version précédente d'EasyPHP.
- ✓ Définir l'emplacement où seront installés les composants d'EasyPHP. L'emplacement par défaut est le meilleur choix, cliquons sur le bouton *'suivant'* pour continuer.
- ✓ Définir où seront placés les raccourcis du programme. Laissons l'emplacement par défaut, cliquons sur le bouton *'suivant'* pour continuer.

Le programme d'installation affiche ensuite un écran récapitulant les choix précédents ; Cliquons sur *'installer'* pour lancer l'installation proprement dite.
Après les quelques instants nécessaires à la copie des fichiers d'EasyPhp, nous aboutissons à une liste des changements importants depuis la version précédente de PHP. Nous ne lancerons pas l'application. Décochons donc la case à cocher avant de cliquer sur le bouton *'terminer'*.

7. CREATION D'UN EXEMPLE

Pour créer un nouveau projet de type « J2ME/J2ME Midlet Suite ».

Aller dans le menu File >New>Project. Nous pouvons utiliser le raccourci, l'icône de création de projet. Plusieurs types de projets peuvent être créés, nous choisissons « J2ME Midlet Suite »... :

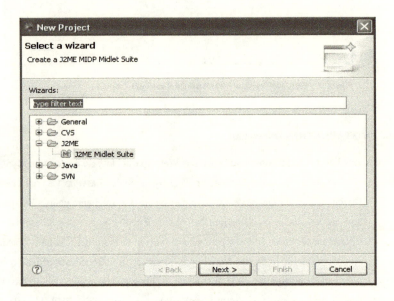

Figure 18: CHOIX DU TYPE DE PROJET AVEC EasyEclipse

La fenêtre suivante s'affiche, elle permet de configurer Wireless Toolkit qui sera utilisé dans le projet qui sera créé. Il faut cliquer sur « Next » pour continuer, puis sur « finish » sur la prochaine fenêtre qui est la dernière.

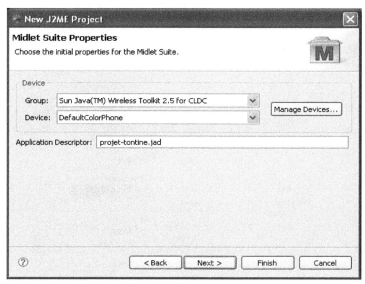

Figure 19: CHOIX DU WTK DU PROJET

Cette fenêtre définit le nom du projet.

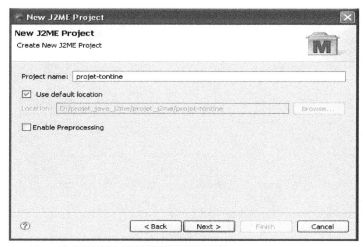

Figure 20: FIN DE LA CREATION DU PROJET

Si tout se passe bien on voit notre projet « **projet-tontine** » ajouté dans l'explorateur des projets.

58

Pour créer une classe en faisant un clique-droit sur le projet >New>Class

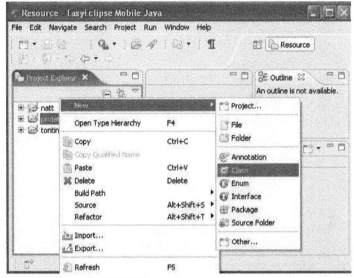

Figure 21: CREATION D'UN MIDlet

Il convient de donner un nom de package et un nom à notre classe.

Figure 22: PARAMETRAGE DE LA CLASSE

Finalement nous avons notre classe « Natt.java » qui est créée dans le package « monpaquage ».

Comme tous les produits *Sun,* la compilation des fichiers sources s'effectue en ligne de commande. Le cycle de développement d'une application Java mobile peut être défini selon le schéma suivant.

J2ME une adaptation en quatre temps des applications aux téléphones mobiles

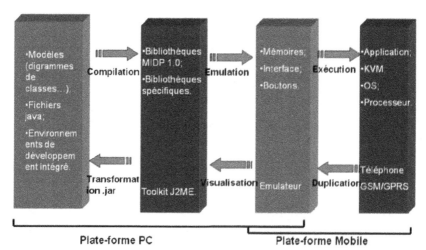

Figure 23 : LES PHASES DE DEVELOPPEMENT D'UNE APPLICATION MOBILE

L'exemple « : HelloJ2ME » et après exécution avec EasyEclipse nous donne le même résultat qu'avec le WTK 2.5, en effet c'est le même émulateur qui est utilisé. Pour exécuter le MIDlet, il faut cliquer sur la petite flèche de l'icône de la barre d'outils.

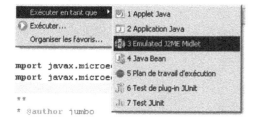

Il suffit alors de sélectionner « Emulated J2ME Midlet » pour lancer l'application dans l'émulateur.

Figure 24: EXEMPLE Hello AVEC EasyEclipse

8. SYNCHRONISATION

C'est *ActiveSync* qui nous a permis de créer une relation de synchronisation entre l'appareil mobile et un ordinateur par le biais d'un câble USB. Il est possible d'utiliser une connexion Bluetooth ou infrarouge. *ActiveSync* synchronise par défaut une quantité limitée d'informations pour préserver l'espace de stockage de l'appareil. Nous pouvons modifier la quantité d'informations à synchroniser pour un type donné d'informations dans la section Paramètres correspondante.

Lors du premier démarrage *d'ActiveSync,* nous sommes invités à créer une relation de synchronisation avec notre appareil mobile. Pour configurer une relation de synchronisation, nous avons sélectionné les paramètres de synchronisation. Après la configuration de la relation de synchronisation entre l'appareil mobile et l'ordinateur de bureau, les informations sont actualisées sur l'appareil et sur l'ordinateur. Pour paramétrer le type d'information à synchroniser, il faut :

1. Connectez l'appareil mobile à l'ordinateur.
2. Cliquez sur **Outils**, puis sur **Options**.

3. Sélectionnez le type d'information à synchroniser.

4. Cliquez sur **Paramètres**, le cas échéant, puis sélectionnez les options souhaitées.

5. Répétez les étapes 2 et 3 pour chaque type d'information.

Remarquons que certains appareils ne prennent pas en charge la synchronisation de certains types d'informations. Pour plus d'informations, consultez la documentation de votre appareil.

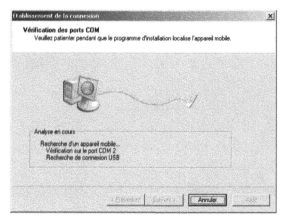

Figure 25: CONNEXION SUR LE PORT COM DU MOBILE

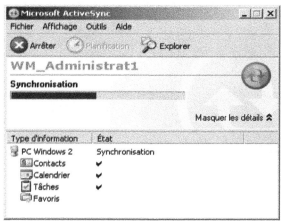

Figure 26: SYNCHRONISATION

9. SAUVEGARDE DE LA BASE DE DONNEES

Pour sauvegarder notre base de données sous Windows, nous passons par un fichier batch « **sauvetontine_base.bat** » qui exécute l'outil de sauvegarde mysqldump de MySQL et redirige le résultat dans un fichier sql. Par la suite, nous réalisons une tâche planifiée avec Windows.

9.1 LES TACHES PLANIFIEES AVEC WINDOWS

L'outil « Tâches planifiées » est situé dans le Panneau de Configuration. On peut :

✓ Ouvrir ce dernier : sous Windows XP, il faut le chercher dans la rubrique « Performances et Maintenance ».

✓ Exécuter cet item : on se retrouve devant la liste des tâches planifiées par l'utilisateur ainsi qu'un item spécifique : création d'une tâche planifiée que l'on lance évidemment. Cela lance un assistant très didactique pour lequel la plupart des réglages se passent de commentaires.

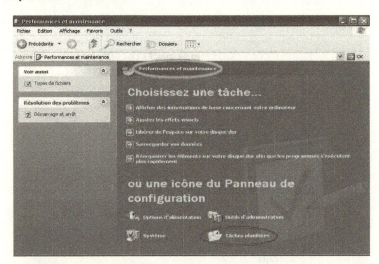

Figure 27 : PAGE POUR LANCER LA TACHE PLANIFIEE

63

CONCLUSION ET PERSPECTIVES

« Un défaut qui empêche les hommes d'agir, c'est de ne pas sentir de quoi ils sont capables »
- Jacques-Bénigne Bossuet -

Le but de ce mémoire consistait à s'approprier de la technologie Java Micro Edition afin de développer des logiciels mobiles utiles à l'entreprenariat rural.

Après avoir mis en exergue la problématique, nous nous sommes attelés à l'étude de cette technologie afin de concocter une solution adéquate au problème posé. Dorénavant mieux imprégnés de la technologie J2ME, nous connaissons les contraintes de programmation inhérentes aux périphériques mobiles. En effet, la multiplicité des terminaux mobiles, associé aux limites en termes de ressources (mémoire, processeurs, …) déroge à la manière standard de programmer. Cependant, l'utilisation des SMS nous a offert une alternative efficiente. En plus des objectifs visés, à savoir s'initier au développement des logiciels mobiles avec J2ME, nous avons pu réaliser un prototype de gestion de tontine avec une architecture logicielle 3-tiers, couplant deux technologies : les SMS et le J2ME.

Nous n'avons pas utilisé des robots de sauvegarde telle que préconisée, en attendant l'acquisition de ce matériel, nous faisons une sauvegarde de notre base de données sur disque dur. Nous utilisons une tâche planifiée avec un fichier batch qui exécute des commandes MySQL.

Notre prototype peut être amélioré. Il serait judicieux de le coupler à un serveur vocal et permettre un retour de requêtes en format vocal. Les utilisateurs auront les informations des tontines en langues locales.

L'entreprenariat rural n'est pas le domaine de prédilection dans lequel nous pouvons utiliser les technologies J2ME/SMS. Nous pouvons appliquer ces technologies dans d'autres secteurs, notamment dans le tourisme pour offrir par exemple une cartographie des points touristiques du Sénégal sur PDA, dans l'administration des systèmes et des réseaux (prise de contrôle à distance avec PDA, etc.), dans la santé et dans l'éducation.

.

ANNEXE 1 : QUELQUES CAPTURES D'ECRAN

CONNEXION A L'APPLICATION

Figure 29:PAGE D'ACCUEIL DU CLIENT J2ME

Figure 28:PAGE D'ADMINISTRATION DU CLIENT J2ME

Figure 30: PAGE DE CONNEXION DU CLIENT J2ME

Figure 31: MENU D'ADMINISTRATION DU CLIENT J2ME

OUVERTURE D'UNE TONTINE

Figure 32: CHOIX DE LA GESTION DES TONTINES

Figure 33: MENU GESTION DES TONTINES

Figure 35: CHOIX OUVRIR UNE TONTINE

Figure 34: OUVRIR UNE TONTINE-VALIDER LE CHOIX

Figure 36: PAGE DE CONFIRMATION DU SERVEUR !

INSCRIPTION D'UN NOUVEAU MEMBRE

Figure 38: MENU D'ADMINISTRATION - CHOIX GERER LES MEMBRES

Figure 37: MENU DE GESTION DES MEMBRES-CHOIX INSCRIRE MEMBRE-VALIDER CHOIX

Figure 39: RENSEIGNER LES INFORMATIONS DU MEMBRE

Figure 40: CONFIRMATION DE L'INSCRIPTION DU MEMBRE

LES CAPTURES D'ECRAN DU CLIENT RMI SERVEUR SMS CENTER

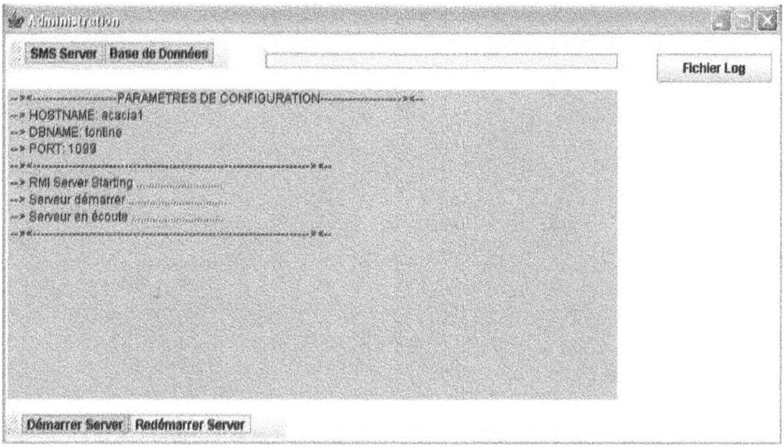

Figure 41:INTERFACE DU CLIENT RMI DU SERVEUR SMS CENTER

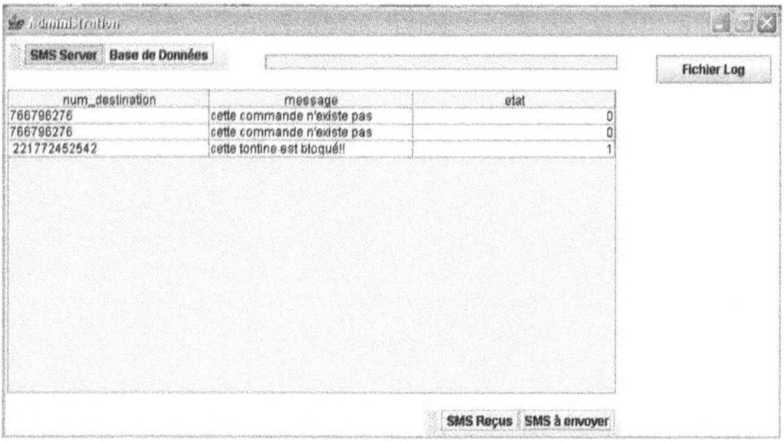

Figure 42: CONTENU DE LA TABLE« smsaenvoye »

ANNEXE 2 : LES SCRIPTS

Exemple de code : HelloJ2ME

```java
package com.jmd.test.j2me;

import javax.microedition.midlet.*;

import javax.microedition.lcdui.*;

public class HelloJ2ME extends MIDlet implements CommandListener

{

  private Display display;

  private TextField tfHello;

  private Command cmExit;

  private Form fmMain;

  public HelloJ2ME()

{

  //Get a handle to the display object

  display = Display.getDisplay(this);

   //Create the main form

  fmMain = new Form("HelloJ2ME");

   //Create the exit command button

  cmExit = new Command("Exit", Command.SCREEN,1);

   //Create a single-line text field 15 characters long

//with the label "Text"

tfHello = new TextField("Text","Hello World!",15,TextField.ANY);

   //Add the components to the form and set up the

//command listener
```

```
  fmMain.addCommand(cmExit);

  fmMain.append(tfHello);

  fmMain.setCommandListener(this);

}

  public void startApp()

{   //set fmMain as the active object

  display.setCurrent(fmMain);

}

  public void pauseApp()

{ /*app is being paused*/ }

  public void destroyApp(boolean unconditional)

{ /*app is being ended*/ }

  public void commandAction(Command c, Displayable s)

{

  //click on the Exit button

  if (c == cmExit)

  {

    //destroyApp must be called manually

    destroyApp(false);

    //ask the manager to end the app

    notifyDestroyed();

  }

}

}
```

Script sauvetontine_base

```
SET JOUR=%date:~-10,2%

SET ANNEE=%date:~-4%

SET MOIS=%date:~-7,2%

SET HEURE=%time:~0,2%

SET MINUTE=%time:~3,2%

SET SECOND=%time:~-5,2%

 IF "%time:~0,1%"=="" " SET HEURE=0%HEURE:~1,1%

SET REPERTOIR=G:\SauvegardeMysql\

SET

FICHIER=%REPERTOIR%\Sauvegarde_du_%JOUR%_%MOIS%_%ANNEE%_A_%HEU

RE%_%MINUTE%.sql

 IF NOT exist "%REPERTOIR%" md "%REPERTOIR%"

G:\Program_Files\wamp\mysql\bin\mysqldump -u root --opt tontine -h localhost >

%FICHIER%
```

Script PHP versement d'un membre

```php
<?php
/*
 * Created on 20 août 2007
 * Window - Preferences - PHPeclipse - PHP - Code Templates
 */

header ("Content-type: text/plain");
require ("connexionbd.php");

$idmembre= trim($_GET["idmembre"]);
$mois = trim($_GET["mois"]);
$montant=trim($_GET["montant"]);
$idtontine= trim($_GET["idtontine"]);

        //connect to the DB
        $db =connect();

        //calcul du montant restant à verser
        $query="SELECT montantmensuel from tontine where idtontine='$idtontine'";
```

```php
$result = mysql_query($query,$db);


            if(!$result)
                    {
                    // erreur dans les données envoyées
                            echo "  Ce code de tontine n'existe pas \n ";
                            echo "  Impossible de faire ce versement";
                    }
            else
              {
                            $montants= mysql_fetch_array($result); //affecter la valeur de
l'ordre pour l'identifiant du membre
                            $montantmensuel=$montants["montantmensuel"];

                            $query="SELECT * from membre  where
idmembre='$idmembre'";
                            $resultat = mysql_query($query);
                            if(!$resultat)
                            {
                            // erreur dans l'identité du membre envoyé
                                    echo "  Ce numéro de membre n'existe pas \n ";
                                    echo "  Impossible de faire ce versement";
                            }
                            else
                            {
                                    if($montantmensuel>$montant)
                                            $restant=$montantmensuel-$montant;
                                    else
                                            $restant=$montant-$montantmensuel;
                                    //date de versemeent
                                    $dateversement =date("d/m/Y");

                                    //set the query to check the credentials
                                    $format = "%02d";
                                    $var= sprintf($format,$mois); // formater le mois afin de
l'afficher sous une forme à deux chiffre exple "02"
                                    $mois=$var;

                                    //Insertion du versement dans la table versement
                                    //$query ="INSERT INTO versement
VALUES($idversement,'$mois','$date',$montant,$restant,$idmembre,$idtontine)" ;
                                    $query ="INSERT INTO
versement(mois,dateversement,montant,restant,idmembre,idtontine)
VALUES('$mois','$dateversement',$montant,$restant,'$idmembre','$idtontine')" ;
                                    //executer la requête query
                                    $result = mysql_query($query);
                                    if($result)
```

```
                                                    {
                                                    die(" versement a réussie !!");
                                                    }
                              else
                                                    {
                                                    $message  = 'Requête invalide :
'.mysql_error()."\n";

                                                    $message .= 'Requête complète : '.$query;
                                                    die($message);
                                                    }
                                       }

                              }
              ?>
```

GLOSSAIRE

- **API :** (Application Programming Interface) Interface pour langage de programmation, matérialisée par des primitives, permettant à une application d'accéder à des programmes systèmes, par exemple, pour communiquer ou extraire des données.
- **ASP :** Application Service Pages. Technologie serveur de Microsoft.
- **CDC :** Connected Device Configuration.
- **CGI :** Common Gateway Interface. Programme relié à une page web qui permet d'envoyer un résultat à la suite d'une requête effectuée le plus souvent à l'aide d'un formulaire.
- **CLDC :** Limited Device Configuration.
- **C.R.D.I :** Centre de Recherche pour le développement International
- **CVM:** The Compact Virtual Machine.
- **CVS :** Concurrent Versions System.
- **EDGE :** (Enhanced Data Rates for Global Evolution) Evolution du GSM autorisant la transmission de données à un débit théorique supérieur à 300 kbit/s.
- **EDI :** Environnement de développement intégré.
- **GPRS:** General Packet Radio Service. Standard de télécommunication dérivé du standard GSM, mais dont la capacité de transmission est beaucoup plus importante. Le GPRS permettre notamment un accès à Internet plus important que celui qui existait avec le WAP.
- **GPS :** Global Positioning System, système américain de positionnement par satellite à l'échelle du globe.
- **GSM :** Global System for Mobile communications ; norme de transmission radio - numérique utilisée pour la téléphonie mobile.
- **HTA :** Hierarchical Task Analysis
- **HTTP :** HyperText Transfert Protocol. Protocole standard de transmission des pages Web sur Internet.
- **IP :** Internet Protocol. protocole de transfert utilisé sur le réseau Internet, basé sur la transmission par paquets.
- **IHM :** Interface homme-machine.

- **J2SDK : Java 2 SDK,** littéralement « kit de développement logiciel ». Ensemble de briques logicielles permettant d'intégrer une solution tierce dans une autre application, sans pour autant posséder le code source de celle-ci.
- **J2SE :** Java(TM) 2 Platform, Standard Edition.
- **J2ME :** Java 2 Micro Edition.
- **JAD :** Java Application Descriptor.
- **JDBC:** Java Data Base Connectivity. API Java standard d'accès aux données persistantes pour les applications Java. Il permet d'interfacer les bases de données relationnelles, les fichiers de tableurs ou les fichiers plats.
- **JRE :** Java Runtime Environment.
- **JSP :** Java Server Pages.
- **JTWI:** Java Technology for Wireless Industry.
- **JVM :** Java Virtual Machine (en français **Machine virtuelle Java**) est une machine virtuelle permettant d'exécuter le bytecode Java. Elle permet aux applications Java compilées en bytecode de produire les mêmes résultats quelle que soit la plate-forme, tant que celle-ci est pourvue de la machine virtuelle Java adéquate
- **KVM :** Kilo Virtual Machine.
- **MIDP :** Mobile Information Device Profile
- **OMS :** Organisation Mondiale de la Santé.
- **OSGI :** Open Services Gateway initiative est un ensemble de spécifications qui sont applicables aux passerelles installées entre un réseau extérieur tel qu'Internet et un réseau local.
- **PDAP :** Personal Digital Assistant Profile.
- **PHP :** HyperText Preprocessor. Langage permettant la création de pages Web au contenu dynamique.
- **PLUG-IN** : petit logiciel accessoire apportant des fonctionnalités supplémentaires à un logiciel principal.
- **RAM :** Random Access Memory (littéralement « mémoire à accès aléatoire »).
- **RMI :** Remote Method Invocation, est une API **Java** permettant de manipuler des objets distants.
- **ROM :** Read Only Memory, soit : mémoire à lecture seule ou mémoire morte
- **SDK :** Software Development Kit.
- **SGBD :** Système de Gestion de Bases de Données. Un SGBD est un ensemble de programmes qui assurent l'accès et la gestion d'une ou plusieurs bases de données.

- **SMS :** Short Message Service. Service permettant la transmission d'un message écrit de 160 caractères au maximum vers ou à partir d'un téléphone mobile.
- **SQL** : Structured Query Language.
- **TCP :** Transmission Control Protocol, Protocole de transport (couche quatre du modèle OSI) fonctionnant en mode connecté. Il constitue avec IP et UDP la base des communications Internet.
- **TIC :** Technologie de l'Information et de Communication.
- **UML :** Unified Modeling Langage ou Langage Unifié de Modélisation. Langage orienté objet pour la modélisation des systèmes d'informations, adopté comme standard par l'OMG (Object Management Group).
- **USB :** Universal Serial Bus. Connecteur universel pour les périphériques.
- **XML :** Extensible Markup Language. Langage de balisage évolué, dérivé du SGML utilisé dans l'édition. Successeur annoncé du HTML, permettra de nombreux enrichissement ou fonctions impossibles à réaliser avec le HTML.
- **WAN :** WAN est un sigle, qui signifie : Wide area network.
- **WAP :** Wireless Application Protocol. Protocole de communication sans fil. Fournit un accès à Internet allégé pour les téléphones mobiles.

REFERENCES

[1]. (s.d.). décembre 2007, Université Cheikh Anta Diop:

http://www.ucad.sn/communaute/facultes.html.

[2]. (2007). *Ecoles*. Université Cheikh Anta Diop:

http://www.ucad.sn/communaute/ecoles.html.

[3]. (2007). *Instituts*. Université Cheikh Anta Diop:

http://www.ucad.sn/communaute/institus.html.

[4]. (2007). *UCAD* . Récupéré sur Faculté des Sciences et Techniques:

http://www.ucad.sn/communaute/facultes.html.

[5]. (s.d.). *Citations*. Consulté le 2007, sur Dicocitaions:

http://www.dicocitations.com/auteur/1941/Remy_de_Gourmont.php.

[6]. (s.d.). *Citations*. Consulté le 2007, sur Linternaute:

http://www.linternaute.com/citation/3679/la-vie-est-faite-d-illusions-parmi-ces-illusions-
certaines-reussissent-jacques-audiberti.

[7] Par Bertrand LAZARE . (2007). Les mobiles de la santé. *Lexpress*.

[8] CRDI. (2007). *Une jeune entreprise partenaire d'ACACIA lauréate de deux grands prix
en TIC.* 2007, sur CRDI: http://www.idrc.ca/fr/ev-68430-201-1-DO_TOPIC.html.

[9] CRDI. (2006, Février). *Descriptif ACACIA 2006-2011.* Consulté le 2007, sur CRDI:

http://66.102.9.104/search?q=cache:JEmXLWVoSIwJ:www.idrc.ca/uploads/user-
S/11830606821Prospectus_Acacia_2006-
2011_FR.doc+%22comprendre+les+changements+que+vivent+les+Africains%22&hl=fr&ct=
clnk&cd=1&gl=fr.

[10]. (s.d.). *Les limites de la méthode expérimentale.* Consulté le 2007, sur Exo biologie:

http://www.exobiologie.info/Pages/demarche.html+%22Il+n%E2%80%99y+a+rien+de+simp
le+dans+la+nature,+il+n%E2%80%99y+a+que+du+simplifi%C3%A9+%22&hl=fr&ct=clnk
&cd=1&gl=fr.

[11] Sami, J. (2002). *Java 2 Micro Edition (J2ME) Versus Microsoft Embedded Architecture.*
Consulté le 2007, sur DotNetGuru:

http://images.google.fr/imgres?imgurl=http://www.dotnetguru.org/articles/J2MEvsSDE/J2ME
vsSDE_fichiers/image006.gif&imgrefurl=http://www.dotnetguru.org/articles/J2MEvsSDE/J2
MEvsSDE.htm&h=278&w=435&sz=32&hl=fr&start=41&um=1&tbnid=aSjgiKr_LYkP1M:
&tbnh=81&tbn.

[12] Delb, B. (2002). *J2ME Applications java pour terminaux mobiles.* EYROLLES ISBN:2-212-11084-7.

[14]ENST. (s.d.). *Qu'est-ce qu'une architecture 3-tiers.* Consulté le 2007, sur site d'ENST: http://www.bd.enst.fr/Cours/Applications/3tiers/index.html.

[15], & SAIDI, M. Y. (2006). développement d'une Interface Logicielle pour le calcul scientifique à distance:application à l'héliosismologie. Katlenburg, Lindau , Germany.

[16]Angokh System. (2006). *Programmation java pour PDA.* Dakar.

[17] Extern ZDNet. (2003, 07 31). Créer et gérer des applications MIDP avec J2ME Wireless Toolkit. France.

[18]Grandchamp, M. (2007). *WAPplicable ?* Consulté le 2007, sur Marketing Internet : http://www.marketing-internet.com/articles/strategie/wap.html

[19]NOGIER, J.-F. (2005). *Ergonomie du logiciel et design Web(le mauel des interfaces utilisateur).* Paris: DUNOD.

TABLE DES FIGURES

RESUME

Après l'expansion époustouflante de la téléphonie mobile, place maintenant aux services associés. En effet, force est de constater que la croissance exponentielle des nouvelles technologies de l'information et de la communication, singulièrement dans le domaine de la téléphonie, a suscité une mutation dans la création de logiciels. Disposer des logiciels d'entreprises sur des terminaux mobiles est de nos jours une solution à part entière et stratégique pour être compétitif dans une société obnubiler par le désir d'aller toujours plus vite.

Après avoir entrepris un travail de balisage pour se frayer une piste et entrer de plein pied dans ce domaine jusque là réservé, nous avons axé nos travaux sur la technologie libre et leader sur le marché : Java 2 Micro Edition.

Ce mémoire expose notre approche pour développer des applications mobiles. Il n'est pas la panacée des problèmes de développement des applications mobiles. Cependant, il a pour ambition de servir de pré requis, de guide de conception et de développement des interfaces homme-machines (IHM) par la technologie Java 2 Micro Edition. Il s'adresse aux enseignants, aux étudiants et aux développeurs d'applications mobiles.

Mots clés : la téléphonie mobile, logiciels, terminaux mobiles, PDA, applications mobiles, interfaces homme-machines.

ABSTRACT

After the development of mobile telephony, time has now come for associated services. One cannot help but notice that the significant growth in new information and communication technologies, particularly in the field of telephony, has been conducive to changes in software development. Nowadays, new activities aimed at developing company software for mobile peripherals appear to be of strategic and promising nature.

After paving the way towards this area, which has so far been a closed one, this study establishes a comparative analysis between the various open source technologies available on the market place. Emphasis is laid on one proposal – among other solutions – for developing mobile applications. The proposed solution using Java 2 Micro Edition technology, is intended to serve as a basis and guidance for man-machine interface (HMI) design and development, for use by teachers, students and mobile applications designers.

Keywords: mobile telephony, software for mobile, mobile devices, PDA, human-machine, Java 2 Micro Edition, interface.